JOACHIM F. MUHS

Yacht elektronik

DELIUS, KLASING VERLAG

Der Titel zeigt den Aufbau von Silizium und Germanium: dem Stoff, aus dem die Elektronik ist. Vier Nachbar-Atome sind hier räumlich in den gegenüberliegenden Ecken eines gedachten Würfels angeordnet. Das Zentralatom Z liegt dabei in der Mitte. Der Abstand a beträgt 2,4 Ångström. Das sind 0,00000024 Millimeter. An jeden Atomkern gebundene vier Valenzelektronen machen die Eigenschaften dieser Halbleiter aus.

ISBN 3-87412-084-8

Fotos: H. G. Kiesel
Zeichnungen: J. F. Muhs
Printed in Germany 1987

Druck: Ludwig Auer GmbH, Donauwörth

JOACHIM F. MUHS · YACHTELEKTRONIK

Inhaltsverzeichnis

Vorwort

Yachtelektronik, das waren vor Jahren noch Echolot und Wetterempfänger. Viel nützes und unnützes Gerät ist inzwischen hinzugekommen. An Bord erledigt Elektronik Routinearbeit schnell und mit einer Präzision, wie sie Schipper und Crew kaum selbst ausführen können. Elektronik entlastet den Skipper, mißt, überwacht, warnt, rettet.
Elektronik hat mit Elektronen zu tun, den kleinsten Teilchen der Elektrizität. Mikrocomputer (oder Mikroprozessor) heißt denn auch die Formel für alle Miniaturisierung moderner Elektronik. Ihre Transistorfunktionen sind unvorstellbar zusammengeschrumpft: Auf die Fläche eines Streichholzkopfes, der Mikrocomputer selbst ist nur noch fingernagelgroß.
Was diese intelligenten Zwerge können, grenzt ans Wunderbare. Yachtnavigationsgeräte stehen damit den Großen in nichts mehr nach. Selbst Bordcomputer haben sich heute auf Yachten etabliert.
Dieser Band gibt einen Abriß davon, was heute an Bord bereits normal ist. Ein Ende solcher Entwicklung ist nicht abzusehen.

Bremen, im August 1986 Joachim F. Muhs

Einführung

Elektronik ist heute ein so komplexes Thema geworden, daß man mit einem Buch des 10fachen Umfangs dieses Büchleins nicht auskommt, alles erschöpfend zu behandeln. Allein die Grundlagen aller Physik und Technik, die mit den Elektronen zu tun haben, sind umfangreich. Die Begriffspalette vom „Akzeptor“ bis zum „Zenereffekt“ ist denn auch so oft schon behandelt worden, daß der interessierte Leser woanders genügend Literatur über Elektronik im allgemeinen und besonderen findet.
Selten indes findet er etwas über Yachtelektronik, denn trotz einer Vielzahl von Einsatzmöglichkeiten hielt Elektronik sehr viel zögernder an Bord kleiner Yachten Einzug als erwartet. Sehr viel mehr noch als die Yachtelektrik, die im Vergleich mit der Elektrik zu Hause schon mit geringen Spannungen auskommen muß (meist 12 Volt wegen der Batterie), reagiert die Elektronik empfindlich auf die Umweltbedingungen an Bord. Elektronik nämlich arbeitet nicht nur mit weitaus geringeren Spannungen (1mV), auch die Ströme, die hier fließen, liegen im Milliampere-Bereich. Elektronik, die an Bord kommt, muß deshalb besonders resistent gemacht werden gegen die hier vorherrschende, klimatische Umwelt – und was erschwerend hinzukommt, auch (so paradox es klingen mag) gegen die elektrische Umwelt.
Nicht nur deshalb zielt dieses Buch primär nicht allein auf die Beschreibung von elektronischen Bordsystemen, viel wichtiger ist dem Autor, wie diese Systeme im Bordklima funktionieren, wo hier die Probleme liegen und wie man sie umgeht. Wenn man so will, die Yachtaklimation ist das wesentliche einer Elektronik mit Betonung auf Yacht. Sie ist verbunden mit der Installation, die wiederum erst mit Berücksichtigung des geeigneten Sensors, der optimalen Erdung und Antenne, der elektromagnetischen und seeklimatischen Verträglichkeit perfekt ist.

Yachtelektronik muß resistent sein gegen Wasser und salzige Seeluft. Integrierte Schaltungen und Mikroprozessoren widerstehen auch solchen extremen Bedingungen. Probleme bereiten meist nur die Steckverbindungen.

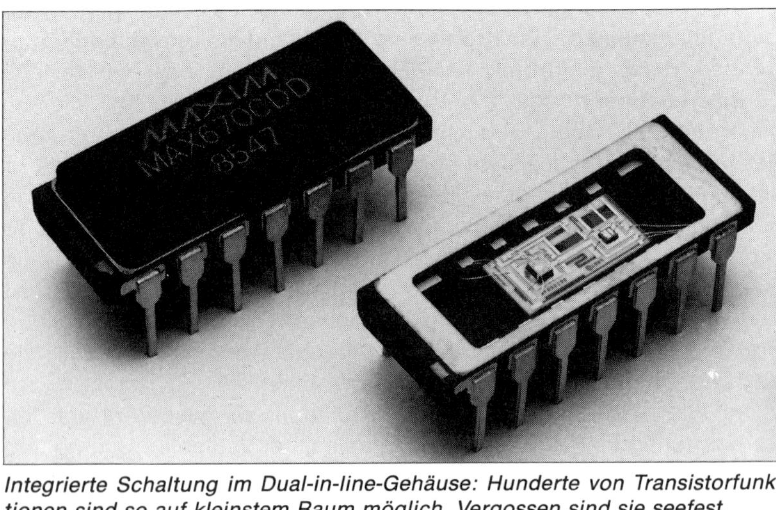

Integrierte Schaltung im Dual-in-line-Gehäuse: Hunderte von Transistorfunktionen sind so auf kleinstem Raum möglich. Vergossen sind sie seefest.

So soll die Funktion eines Systems nur soweit erklärt werden, wie es nötig ist, seinen Wert für den Yachtskipper zu erkennen, und natürlich wie es nötig ist zu wissen, wie und wo man es an Bord einbaut, damit es richtig funktioniert. Beginnen wir mit dem wichtigsten, der Umwelt, der wir empfindliche Elektronik aussetzen, wenn wir sie an Bord bringen.

Umweltbedingungen

Elektronik auf Schiffen ist eigentlich nichts Neues: Seit Beginn der Funktechnik versuchte man solche Informationsübertragung in der Schiffahrt einzusetzen. Andere Geräte kamen hinzu, so daß heute ohne Elektronik in der Schiffahrt eigentlich gar nichts mehr geht.
Auf kleineren Booten (speziell auch auf Yachten) standen lange Zeit die besonderen Umweltbedingungen zwischen Boot und Elektronik. Schon salzhaltige Luft und elektronische Geräte nämlich verhalten sich wie Feuer und Wasser. Mit steigender Bedeutung der Elektronik auch für Yachten und mit immer kleiner werdenden Geräten analysierte man auch die Umwelt auf kleinen Booten und richtete sich darauf ein.
Elektronik aus dem Haus-, Camping- und Autobereich ist dagegen selten für den Bordgebrauch und dessen extreme Anforderungen geeignet, denn auch in elektrischer Hinsicht ist an Bord manches anders.

Klimatische Umwelt

Feuchtigkeit

Die Umwelt an Bord eines Bootes, in der elektronische Geräte betrieben werden, ist feuchter als an Land und auf der Messe (!) und schon gleich gar ruppiger und aggressiver als im Labor. Alle Geräte, die an Bord kommen, müssen dagegen geschützt sein, sollen selbst unter Deck spritzwassersicher ausgeführt werden; an Deck am besten völlig wasserdicht. Konstruktiv macht man das mit wasserdichten Gehäusen, aber auch mit Lackieren von Leiterplatten und anderen Schaltungen mit Schutzlack, oder gar mit Vergießen der Elektronik mit Kunstharz. Auch mit der niederohmigen Auslegung einer Schaltung macht man sie unempfindlich gegen Feuchtigkeit.

Umgebungstemperatur

An Bord vorkommende Temperaturbereiche hängen naturgemäß stark vom Einsatzgebiet einer Yacht ab. In der Regel wird ein elektronisches Gerät kaum bei Temperaturen unter 0 Grad C betrieben. Temperaturen von + 50 Grad C und mehr werden im Sommer jedoch auch in unseren Breiten gemessen, dann beispielsweise, wenn ein Gerät unter einer schrägen Windschutzscheibe der Sonne ausgesetzt ist. Neben dem Abgasrohr im Motorraum ist es womöglich noch heißer. Temperaturdifferenzen von 80 Grad bis 90 Grad C sind dann schnell erreicht. Für die müssen elektronische Geräte ausgelegt sein.

Mechanische Beanspruchung

Im Seegang entstehende Rüttel- und Stoßbelastungen fordern insbesondere die Leiterplatten und Gehäuse. Sie müssen so konstruiert sein, daß sie mindestens ein Dreifaches der Erdbeschleunigung (3 g) aushalten (das ist weitaus weniger als die Bundesmarine verlangt). Nur so ausgelegt, haben elektronische Geräte an Bord kleiner Boote eine Chance. Aber das ist nicht alles: Ein wichtiges Thema wiederum auf kleinen Booten, wo alles dicht aufeinander gebaut werden muß, sind die Anforderungen an die Elektrik.

Elektromagnetische Umwelt

Mit elektrischer Umwelt muß man den gesamten Bereich umschreiben, der auf elektrischem und elektromagnetischem Wege auf die Elektronik Einfluß nehmen kann. Eine sogenannte elektromagnetische Verträglichkeit elektronischer Geräte muß daher gegeben sein. Ebenso muß man eine Unempfindlichkeit Spannungsschwankungen gegenüber voraussetzen.

Elektromagnetische Verträglichkeit

Elektrische und elektronische Geräte können einander stören. Selbst in intakten Systemen gibt es Störimpulse und elektromagnetische Nebel, die man entstören muß. Man unterscheidet da zwischen Geräten, die selbst stören (Störsender) und solchen, die gestört werden. Störern wie Funksender, Lichtmaschine, elektrische Motoren etc. rückt man mit Entstörfiltern zuleibe, die Störspannungen zur Schiffsmasse leiten. Gegen atmosphärische Störer helfen Filter, die man in die elektrische Versorgungsleitung gestörter elektronischer Geräte legt.

Elektronische Geräte können sich gegenseitig stören. Ihre elektromagnetische Verträglichkeit muß besonders auf engem Raum berücksichtigt werden.

Bordspannung

Die Versorgungsspannung an Bord ist alles andere als konstant, sie differiert zwischen der Spannung bei fast entladener Batterie und der Ladespannung, wenn der Generator läuft. Der üblicherweise für ein 12-Volt-Bordnetz geforderte Bereich liegt bei 10...15 Volt, manchmal sogar höher: 9... 16,5 Volt. Wenn solche Bereiche nicht immer leicht zu realisieren sind, für die Bordelektronik sind sie absolut relevant.
Um solchen Forderungen nachzukommen, legen Hersteller ihre Geräte oft sogar für Spannungen von 9... 30 Volt aus, um sie auch gleich für ein 24-Volt-Bordnetz geeignet zu machen. Mit einer Diode als Schutz gegen eine Verpolung versehen, erfüllen sie gleichzeitig die Forderung nach einem sicheren Anschluß auch für den Laien.
Elektronische Geräte müssen auch „fest" sein gegen Spannungseinbrüche. Ein Starten des Dieselmotors oder das Losbrechen des Ankers mit der elektrischen Ankerwinsch zieht oft soviel Strom, daß die Spannung weit unter ihre Nennspannung geht. Das darf die Bordelektronik nicht aus dem Tritt bringen. Genauso verhält es sich mit einem „positiven Einbruch", beispielsweise wenn beim Übergang von der Leerlaufdrehzahl des Generators auf maximale Umdrehungen der Regler plötzlich auf Spannung kommt.

Elektromagnetische Störungen

Durch Schaltvorgänge im Bordnetz bilden sich an den Schaltkontakten kurzzeitig Funkstrecken, die als ungedämpfte Schwingung die Nutzsignale in elektronischen Geräten stören. Aber nicht nur an mechanischen Schaltern entstehen solche Störimpulse, selbst „Schaltvorgänge" in Halbleitern, etwa in den Dioden des Generators erzeugen Störungen, die man an Bord nicht gebrauchen kann.
Im Sinne einer guten elektromagnetischen Verträglichkeit (EMV genannt) muß Bordelektronik störfest gebaut werden; sie soll keine Störimpulse aufnehmen, noch, sofern sie aus aktiven Geräten besteht,

Funkstörspannungspegel (0 dB = 1µV an 150 Ω)

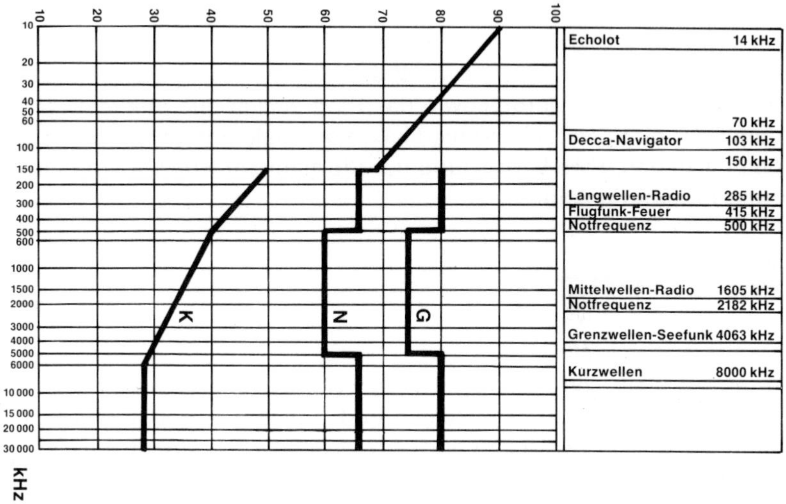

Das Diagramm zeigt die Grenzen der drei definierten Funkstörgrade G, N und K. Entstörmaßnahmen müssen für die Arbeitsfrequenzen der einzelnen Geräte geeignet sein.

solche aussenden. Siebschaltungen, sogenannte Filter, zum Schutz gegen Funktionsstörung oder sogar gegen mögliche Zerstörung empfindlicher Elektronik haben gute Bordgeräte denn auch eingebaut. Sind sie Teil eines Systems, dann kommt es dem Bordelektriker zu, mit zusätzlichen Filtern in den Antennen- und Versorgungsleitungen ein weiteres zu tun. Die Crux auf Yachten nämlich ist, mit immer kleiner werdendem Bauvolumen werden elektronische Geräte immer störanfälliger. Die Funkentstörung von Bordsystemen ist damit ein wichtiger Teil der EMV. Sie beinhaltet auch Störungen aus der Atmosphäre, die durch Gewitter und andere elektrische Entladungen entstehen.

Erdung

Eine gute Entstörung setzt im Bordnetz immer auch eine gute elektrisch leitende Verbindung zum Wasser voraus. Alle größeren Metallteile an Bord, der Motor, sowie das Rigg, sollen gut „geerdet" sein, damit gar nicht erst unterschiedliche Potentiale und damit Entladungen entstehen. Eine Verbindung der Störfilter zur Erde ist Voraussetzung für ihre Funktion.

Regelung

Bordelektronik soll den Skipper von Routineaufgaben befreien, so daß er mehr Spaß hat am Segeln und sich den Elementen widmen kann. Versteckt in Kästchen und Geräten steuert und regelt Elektronik mechanische Vorgänge, aber auch – und das eigentlich in erster Linie – elektrische Parameter. Hier kann sie am einfachsten eingesetzt werden, das heißt ohne besondere Geber, die beispielsweise erst ein mechanisches Signal (Ruderlage) in ein elektronisches (Spannungsänderung) umwandeln müssen.
Regelung ist hier dann das Halten einer elektrischen Spannung auf einen bestimmten Wert, das Umwandeln von Gleichspannung in Wechselspannung oder das Begrenzen eines Stromes mit nachfolgender Abschaltung. Das Steuern von Zündspannungen an Ottomotoren (Außenbordern) wird ebenfalls elektronisch vorgenommen. Hier regelt die Elektronik Zeitpunkt und Höhe und die Steilheit des Zündfunkens.

Generatorregler

Die Stromerzeugung und Ladung der Batterie an Bord von Yachten übernehmen sogenannte Drehstromgeneratoren, die an den Motor geflanscht, drei Wechselströme (Drehstrom) erzeugen. Diese Stromform indes läßt sich nicht in der Batterie speichern, so daß Dioden vorgeschaltet sind, die den Wechselstrom in einen speicherbaren Gleichstrom umformen (gleichrichten). Die Höhe der Spannung nun ist abhängig von der Drehzahl des Motors, sie muß daher geregelt werden.

Der Generatorregler ist wichtigstes Bauteil einer Lichtmaschine. Das Foto zeigt ihn integriert in das Gehäuse einer Drehstromlichtmaschine.

Elektronische Regler verrichten diese Arbeit schnell und störungsfrei. Sie sind damit ein wichtiger Baustein für Funktion und Sicherheit moderner Bord-Generatoren. Beim Drehstrom-Generator wird nur eine Spannungsregelung nötig, durch den hochausgelegten Innenwiderstand der Drehstromwicklung begrenzen diese Generatoren ihren Strom selbst und sind damit kurzschlußfest.

Auch ein Rückstromschalter entfällt, da die eingebauten Dioden bereits Rückstrom von der Batterie verhindern. Der Regler kann somit einfach aufgebaut werden: Seine Aufgabe reduziert sich auf die (elektronische) Felderregelung. Während die Drehstromwicklung im Generator fest angeordnet im Gehäuse sitzt (sie erzeugt die drei um 120 Grad phasenverschobenen Wechselströme, die dann durch die Dioden in Doppelwegschaltung gleichgerichtet werden), rotiert eine Erregerwicklung auf dem (Klauenpol-)Rotor.
Über Schleifringe wird ihr der Erregerstrom zugeführt (der beim Anlauf von der Batterie über die Ladeleuchte im Betrieb von der Lichtmaschine selbst kommt) und vom Regler gesteuert. Der Regler vergleicht die Ausgangsspannung der Drehstromwicklung, die ungeregelt linear mit der Drehzahl ansteigt und mit höher werdendem entnommenen Strom entsprechend den Innenwiderständen von Wicklung und Dioden abfallen würde, mit einer Vergleichsspannung.
Bei Abfallen der Ausgangsspannung (Belastung) wird die Differenz zwischen Ausgangs- und Vergleichsspannung kleiner, der Regler muß einen höheren Strom auf die Erregerwicklung geben, bis der Generator seine Nennspannung wieder erreicht hat. Der Regler macht das, indem er die Erregerwicklung mit hoher oder niedriger Frequenz aus- und einschaltet.
Regler an Bord installierter Maschinen arbeiten nach der Konstantspannungsmethode, bei der, wie beschrieben, eine bestimmte Spannung, die der Gasungsspannung der Batterie entspricht, nicht überschritten wird. Feldregler werden so eingestellt, daß der Ladestrom mit steigender Gegenspannung (der Batterie) automatisch auf einen Wert zurückgeht, der der Batterie nicht schadet. Sie arbeiten vollelektronisch und weisen weder Kontakte noch andere bewegliche Teile auf.
Kleine Abmessungen und eine Unempfindlichkeit gegen Erschütterungen prädestinieren sie für einen Anbau an den Generator selbst, so daß auch eine Verkabelung entfällt.
Die wesentlichen (Halbleiter-)Bauteile eines elektronischen Feldreglers sind Transistoren und Zenerdioden. Seine Transistoren arbeiten

als Schalter, die funkenfrei (und damit ohne Funkstörungen) den Erregerstrom in schneller Folge ein- und ausschalten. Damit sind geringe Regeltoleranzen möglich (wofür ebenfalls auch eine elektronische Temperaturkompensation sorgt). Die Zenerdiode des Reglers kümmert sich dagegen um eine Stabilisierung der Regelspannung. Sie wirkt dabei als Sollwertgeber. Als Spezialdiode läßt sie Ströme nur bis zu einer bestimmten Spannung ihrer „Durchbruchspannung" durch. Sie steuert damit die im Regler arbeitenden Transistoren.

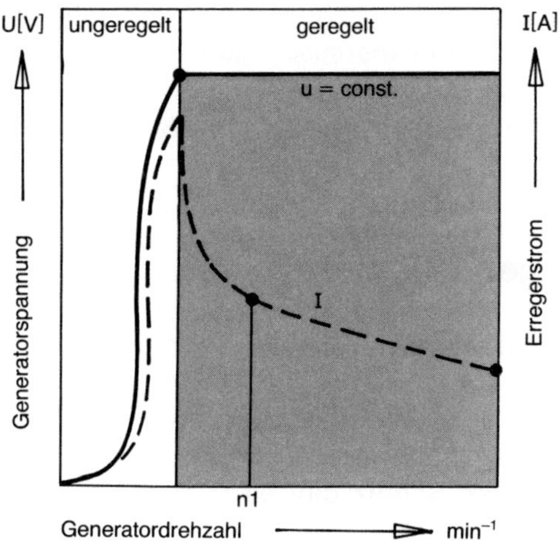

Regelkennlinie eines Drehstromgenerators: Die Höhe der Spannung ist drehzahlabhängig; mit der Regelung des Erregerstromes hält der Regler sie konstant.

Die Bordspannung wird so den Bedürfnissen der Verbraucher angepaßt, sie unabhängig von Drehzahl und Belastung, nämlich konstant, zu halten. Dabei berücksichtigt die Elektronik beispielsweise auch die Umgebungstemperatur: Bei sommerlicher Hitze regelt sie die Spannung etwas niedriger, um den Wasserverlust einer Batterie niedrig zu halten, für kalte Tage darf es dann etwas mehr sein.
Neben der Gasungsspannung der Batterie ist auch die spannungsabhängige Lebensdauer der Glühlampen an Bord Kriterium für die Spannungsregelung.

Ein Schritt zu weiterer Miniaturisierung und damit zu gesteigerter höherer Zuverlässigkeit unter extremen Betriebsbedingungen stellt der Aufbau von Feldreglern in Hybrid-Technik dar. Dieses in anderen elektronischen Bordgeräten fast ausschließlich praktizierte Verfahren verwendet anstatt zusammenzuschaltender diskreter Bauelemente (wie Widerstände, Kondensatoren, Transistoren) in Schichttechnik aufgebaute integrierte Schaltkreise. Damit verringert man die störanfälligen Lötstellen, und man kann noch kleiner werden.
Kernstück eines solchen Reglers sind der integrierte Schaltkreis (IC) mit allen Regelfunktionen und die Leistungsbauelemente wie Darlington-Transistor und Freilauf-Diode, die thermisch günstig auf einer Stahlplatte sitzen. Die Größe in Hybrid-Technik aufgebauter Geräte hängt dann praktisch nur noch von ihren elektrischen Anschlüssen ab.

Überspannungsschutzgerät

Die Klemmenspannung eines batteriebetriebenen Bordnetzes ist nicht immer gleich. Bei Entladung liegt sie unter, bei Ladung über der Nennspannung. Eine zu hohe Spannung bekommt aber manchen elektronischen Geräten, anderen hochwertigen Verbrauchern und auch Glühlampen nicht. Zu ihrem Schutz gibt es Überspannungsschutzgeräte.
Eine 12-V-Batterie wird mit 14 Volt geladen, eine 24-V-Batterie mit 28 Volt. Für die Zeit der Ladung hat auch das Bordnetz diese Spannung. Ein Lampen-Spannungsrelais (so genannt, weil oft in Lampenstromkreisen verwandt zum Ausgleich des Unterschieds zwischen der Batterie-Entladespannung bei Stillstand der Maschine und der höheren Ladespannung bei Fahrt) arbeitet mit drei hintereinandergeschalteten Diodenpaaren, die in den Lampenkreis geschaltet werden. Wird nicht geladen, überbrückt das Schaltrelais, gesteuert von einem Steuerrelais, selbsttätig die Dioden. Die Spannungsdifferenz beträgt ungefähr drei Volt.

Überspannungsschutzgeräte arbeiten vollkommen elektronisch. Hier hält eine Zenerdiode, deren Durchbruchspannung auf das Bordnetz abgestimmt ist, die Klemmenspannung konstant.
In 24-Volt-Bordnetzen arbeitet man mit Thyristor gesteuerten Geräten. Der Thyristor ist ein elektronisches Bauelement, das einer Diode (mit vier hintereinandergeschalteten p- und n-Halbleiterzonen) gleicht. Neben Anode und Katode besitzt es aber noch einen Steueranschluß, Gate genannt. Damit gerät der Thyristor zum steuerbaren „Bauteil", zum Schalter mit Gleichrichtereigenschaften: Durch einen Spannungsimpuls am Gate nämlich wird er leitend und läßt einen Strom durch. Das nutzt ein Überspannungsschutzgerät, indem es bei (Über-) Spannung auf den Steueranschluß Generator und Regler kurzschließt und damit sämtliche Bordgeräte vor zu hoher Spannung schützt.
Der Generator zeigt das an seiner Ladekontrolleuchte an. Erst durch Stillstand des Generators (und nach Beseitigung des Fehlers: loses Batteriekabel, defekter Regler etc.) gibt das Schutzgerät die Stromerzeugung mit der richtigen Spannung wieder frei. In Deutschland stellt die Firma Bosch solche Geräte her.

Spannungswandler

Will man an Bord von Yachten Leuchtstofflampen betreiben, und man sollte das tun, wegen des schmalen Energiehaushalts eines batteriebetriebenen Bordnetzes, dann ist das so einfach nicht möglich: Aus den 12 oder auch 24 Volt Gleichspannung muß eine Spannung von einigen 100 Volt erzeugt werden, die für die Ionisation der Lampe erforderlich ist. Die spätere Brennspannung der Röhre liegt bei 100 Volt. Die hohe Spannung aber wird mit einem Transformator erzeugt, der gleichzeitig für diese Strombegrenzung sorgt.
Nun kann man Gleichstrom nicht transformieren, dafür muß der Magnetfluß im Eisenkern des Trafos geändert werden. Diese Änderung kann man mit einem „Schalter" vornehmen, der den Trafo einige

tausend mal pro Sekunde an- und wieder abschaltet. Praktisch ist dieser Schalter ein Transistor, der solche Funktion kontaktlos und verschleißfrei übernimmt. Die heutigen Transistorleuchten arbeiten mit einer Frequenz von 20 bis 25 Kilohertz.

Die elektronische Schaltung dazu (in der Regel in Hybrid-Technik der Mikroform also, die integrierte Schaltungen benutzt), ist der Transistorwandler. Als „Vorschaltgerät" kommt er wegen seiner hohen erzeugten Frequenzen auf Wirkungsgrade bis zu 80 Prozent. Herkömmliche L-Lampen reichen da lange nicht heran.

Transistor-Spannungswandler sind damit Umformer, die aus der 12- oder 24-Volt-Bordspannung eine höhere oder auch niedrigere Gleich- oder Wechselspannung machen. Transistoren als Schalter ermöglichen es, Umformer zu bauen, die keiner mechanischen Abnutzung unterliegen und daher vollkommen wartungsfrei arbeiten. So kann auch der zu Hause benutzte Rasierapparat an Bord verwendet werden, und natürlich lassen sich mit einem Wandler auch andere nützliche Dinge, wie Lötkolben und Bohrmaschine betreiben.

Moderne Transistorwandler haben damit die rotierenden Umformer fast völlig verdrängt, zumindest für kleinere Leistungen. So gibt es Gegentakt-Wandler, die von einer 12-Volt-Gleichspannung, die für den Rasierapparat benötigte Wechselspannung von 220 V 50 Hz machen. Solche Geräte arbeiten mit zwei Transistoren, die im Gegentakt die Klemmenspannung der Batterie periodisch an die Primärwicklung des Transformators an- und abschalten.

Über eine Rückkopplungswicklung werden die Transistoren im Basiskreis angesteuert und dadurch eine Schwingung aufrecht erhalten, die im Sekundärkreis eine Wechselspannung induziert. Die Wechselspannung solcher einfachen Wandler ist rechteckförmig, was für Rasierer und Bohrmaschine ausreicht. Für spezielle Anwendungen kann sie auch mit mehr Schaltungsaufwand sinusförmig hergestellt werden (Sinusgenerator). Wegen der abzuführenden Wärme sind die Transistoren auf ein Kühlblech montiert.

Wenn an ein 24-Volt-Bordnetz ein 12-Volt-Gerät angeschlossen werden soll, etwa die Stereoanlage aus dem Auto, dann wird ein Gleich-

spannungswandler benötigt, der 24 Volt in 12 Volt umwandelt. Hier genügt ein Eintakt-Wandler, da keine Frequenzkonstanz benötigt wird. Die Schwingfrequenz ist niedrig, was den Wandler geräuschmäßig besser gegenüber einer Schwingfrequenz im Kilohertzbereich macht.
Der Transformator ist meist als Spartrafo ausgelegt, der schaltungstechnische Aufwand damit ziemlich gering. Dafür ist der Wirkungsgrad schlechter als beim Gegentaktwandler.

Elektronische Spannungswandler machen heute aus dem Bordnetz jede denkbare Spannung. Moderne Halbleiter-Bauelemente lassen auch hohe Leistungen zu.

Batterie-Ladegeräte

Ladegeräte gibt es vom einfachen Billiggerät bis hin zum elektronisch geregelten Supergerät. Allen Aggregaten gemein ist, sie sollen die Bordbatterie frisch halten und nach einer durchsegelten Nacht verbrauchte Energie wieder nachladen. Sie setzen sich zusammen aus einem Transformator, durch den die 220-Volt-Wechselspannung des Landanschlusses herabgesetzt wird, und aus einem Gleichrichter, der die für eine Ladung erforderliche Gleichspannung von 12 beziehungsweise 24 Volt liefert.
Im Prinzip könnten sie so simpel bleiben, wenn die Bleibatterie selbst nicht ein so kompliziertes Innenleben hätte. Eine leergefahrene Batterie wieder aufzupäppeln, kann ganz sicher ein einfaches Gerät auch. Auf die Dauer besser und vor allen Dingen batterieschonender kann das jedoch der elektronisch geregelte Lader.
Der Unterschied liegt in der Lademethode, in der Charakteristik, nach der Strom und Spannung während des Ladevorgangs geregelt werden. Eine einfache Art zu laden ist die, wo die Ladeströme sich nach dem inneren Widerstand der Batterie einstellen (Widerstands- oder W-Kennlinie). Aufwendiger werden Geräte, wenn zunächst der Strom durch eine Regeleinrichtung und dann die Spannung konstant gehalten werden sollen (Stromspannungs- oder IU-Kennlinie).
Ein Bleiakku nämlich übt eine Gegenspannung aus, wenn er an eine Ladestromquelle angeschlossen wird. Diese Spannung kann im Verlauf des Ladens von 2,1 Volt pro Zelle bei Beginn auf 2,6 bis 2,7 Volt pro Zelle ansteigen und muß von der Spannung des Ladegerätes überwunden werden. Der Ladestrom steht entsprechend dem Kennlinienverlauf des Laders, der von seiner eingebauten Elektronik abhängt, in einem bestimmten Verhältnis zur Ladespannung.
Die Ladecharakteristik ist so ausgerichtet, daß eine Spannung von 2,38 Volt pro Zelle nicht überschritten wird. Steigt die Gegenspannung auf 2,4 Volt, dann setzt eine Gasentwicklung ein, umso stärker, je höher der Strom liegt.
Dazu ist ein wenig Wissen um ein Blei-Batterie-Innenleben nützlich:

Ladegeräte sollen eine Batterie schonend laden. Das geht mit einer elektronischen Regelung, die auf das Innenleben einer Batterie abgestimmt ist.

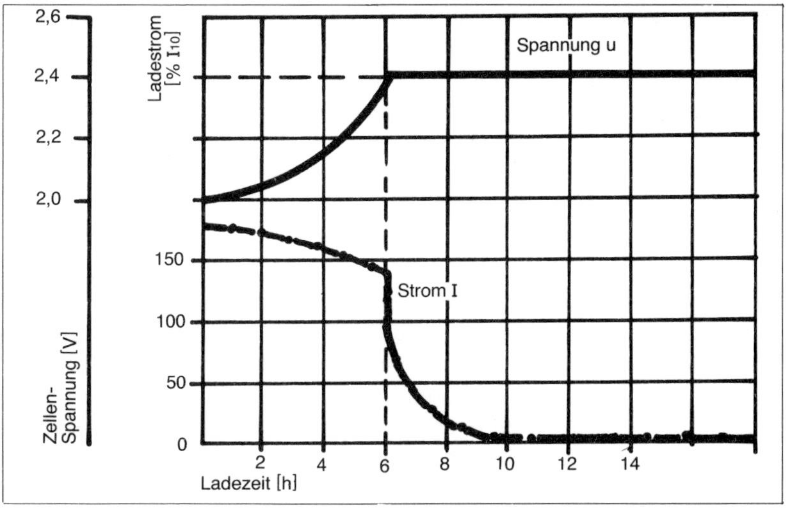

Kennlinie eines Batterie-Laders mit sogenannter WU-Regelung: Die Ladespannung wird automatisch vor Erreichen der Batteriegasung (2,4 Volt) begrenzt.

Auf der positiven Seite reißen entstehende Gasblasen aktive Masseteilchen aus den Batterie-Platten, was diese Elektroden stark mechanisch beansprucht. Ebenfalls durch hohen Ladestrom bleibt der sich im Innern der Platten bildenden Säure nicht genügend Zeit, nach außen abzuströmen. Es entstehen hier Säuredichten von 1,3 Kilogramm pro Liter und mehr, die das bis dahin gebildete Blei angreifen und wieder in Bleisulfat rückverwandeln. Dabei wird Reaktionswärme erzeugt, ebenfalls auf Kosten des Batterielebens.
Höher als 55 Grad sollte die Elektrolyt-Temperatur jedenfalls nicht ansteigen beim Laden. Nach Überschreiten der Gasungsspannung muß der Ladestrom also möglichst klein gehalten werden. Andererseits soll die Ladung jedoch in einem vertretbaren Zeitraum erfolgen. Batteriehersteller geben daher Grenzwerte für Ladestromstärken (bei fallendem Strom) an, die bei Beginn der Gasung, also bei Erreichen einer Zellenspannung von 2,4 Volt bei 0,4mal dem fünfstündigen Entladestrom, und am Ende der Ladung bei 0,2mal diesem Strom liegen. Der sogenannte fünfstündige Entladestrom ist dabei laut Definition der Batteriespezialisten der Strom einer Batterie, der als Zahlenwert in Ampere ein Fünftel ihrer Kapazität beträgt innerhalb einer Zeitspanne von fünf Stunden. Bei solcher Art des Ladens muß nach Erreichen des Volladezustands abgeschaltet werden, das heißt, bei einer 12-Volt-Batterie bei einer Ladespannung von 14,4 Volt.
Die genannten Ladeströme ab Gasungsbeginn dürfen unter-, jedoch im Hinblick auf eine lange Lebensdauer des Plattenmaterials nicht überschritten werden. Bis zur Gasungsspannung, also der ersten Ladeperiode, kann der Ladestrom ein beliebiges Mehrfaches des fünfstündigen Entladestromes betragen. Letztlich regelt sich seine Höhe jedoch „automatisch“ durch die inneren (und äußeren) Widerstände der Batterie, die einmal abhängen von der Größe der Batterie – je größer die Batteriekapazität, desto kleiner ihr innerer Widerstand und umso größer der mögliche Anfangsladestrom – und zum anderen vom Entladezustand und der Zellentemperatur.
Es gibt verschiedene Methoden, eine Bleibatterie zu laden. Dabei kommt man automatisch auf die anfangs genannten Kennlinien. Sie

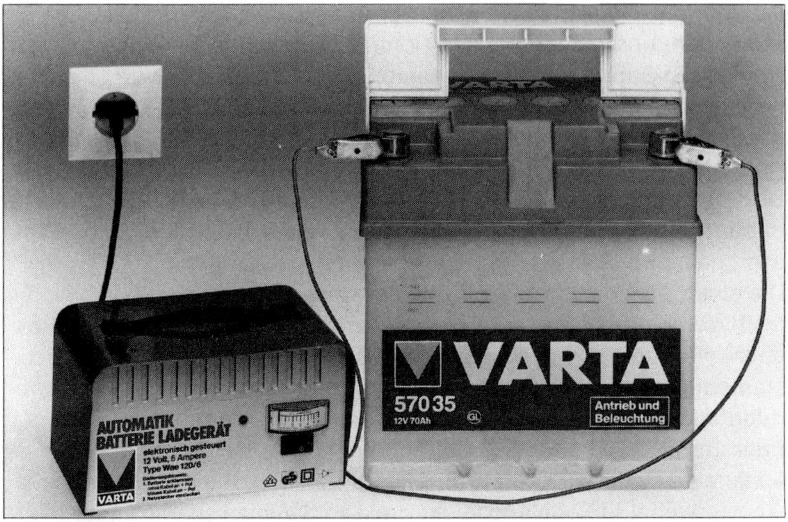

Automatisches Ladegerät, das mit einer Wae-Regelung arbeitet. Der Strom stellt sich nach dem Widerstand (W) der Batterie ein, e bedeutet hier automatische Einschaltung, a automatische Abschaltung.

sind der Verbund von Ladestrom und Zellenspannung, aufgetragen über der Ladezeit, was graphisch eine Kurve, die Kennlinie, ergibt. Durch die verschiedenen technischen Lösungen, mit denen die elektronische Regelung der komplizierten Chemie von Batterien beikommt, ergeben sich Kennlinien, von denen sich zwei ganz besonders auf Yachten etabliert haben: die Wae- und die WU-Ladekennlinie.

Geräte mit Wae-Kennlinie laden mit einem ungeregelten Strom, der mit steigender Zellenspannung abnimmt, gemäß des sich verändernden Innenwiderstands. Die Indizes ae stehen für eine Widerstandskennlinie mit einer Ab- beziehungsweise Einschaltung, die in der Regel mit Hilfe einer elektronischen Überwachung an den bleibatteriespezifischen Eckwerten 14,4 Volt beziehungsweise 15,9 Volt ab- und spätestens bei 11 Volt wieder einschalten. Das ergibt eine batterie-

schonende Ladung in einer akzeptablen Zeit, ohne die Batterie zu überladen, und es beugt einer Tiefentladung vor.
Anders die Geräte mit WU-Kennlinie: Wieder handelt es sich um einen widerstandsabhängigen Strom bei ansteigender Spannung. Jedoch vor Erreichen der Gasungsspannung beginnt eine automatische Spannungsbegrenzung, die Spannung gegen Null herunterzuregeln. Diese Methode ergibt eine schnelle Teilladung, die eine etwas länger dauernde Volladung ermöglicht. Beiden Lademethoden ist gemeinsam, daß eine Überladung nicht vorkommt.
Die elektronisch anspruchsvollste Methode, Batterien zu laden, ist die nach der IU-Kennlinie. Zum geregelten Ladestrom (I) kommt hier die ebenfalls geregelte Ladespannung (U), so daß zur Ladung mit konstantem Strom vor Erreichen der Gasungsspannung die Ladespannung automatisch begrenzt wird. Diese Methode realisiert nicht nur die schonendste Ladung, Ladegeräte mit IU-Kennlinie ermöglichen es auch, eine Batterie in kürzester Zeit vollzuladen. Sie erfordern jedoch eine aufwendige Regelungselektronik, so daß man solche Lader mehr für teuere Spezialbatterien größerer Yachten vorsieht.

Zündsysteme für Ottomotoren

Zündsysteme, die für die nötigen Funken an den Zündkerzen von Benzinmotoren sorgen, kommen an Bord von Yachten (noch) an den Außenbordmotoren vor (denn als Innenborder sind solche Motoren zumindest auf Segelyachten fast ausgestorben). Hier aber widmet man ihnen besondere Aufmerksamkeit, denn nichts beeinträchtigt ihre Funktion so sehr wie Feuchtigkeit.
Um das Kraftstoff-Luft-Gemisch eines modernen Ottomotors zum richtigen Zeitpunkt zu entzünden, ist bekanntlich ein Zündfunke erforderlich; seine Spannung liegt zwischen 5000 und 20 000 Volt. Für die Erzeugung dieser normalerweise nicht an Bord befindlichen Spannung ist die Zündanlage zuständig.
Kurz bevor die Kolben des Ottomotors den oberen Totpunkt erreicht

haben, wird an den im Zylinderkopf sitzenden Zündkerzen ein Hochspannungsfunke erzeugt, der das hier befindliche Kraftstoff-Luft-Gemisch zündet.
Zündanlagen sind ein Teil des Ottomotors, die die Bootsatmosphäre jedoch nicht mögen. Die feuchte und oft salzige Luft forciert Übergangswiderstände durch Korrosion im Primärkreis und Nebenschlußwiderstände im Hochspannungsteil. Das läßt den Motor schlecht starten und führt zu Zündaussetzern und schlechter Verbrennung des Kraftstoffes. Außerdem sind herkömmliche Zündanlagen nicht wartungsfrei. Durch die hohe Strombelastung beim Schalten des Primärstromes unterliegen die Unterbrecherkontakte einem mechanischen Verschleiß.
Das führte zu elektronischen Zündanlagen. Bei der einfachen Transistorzündanlage wird der Unterbrecherkontakt durch einen Transistor entlastet, der Unterbrecher steuert die Basis des Transistors, dessen Emitter-Kollektorstrecke die Primärseite der Zündspule schaltet. Der Vorteil ist die geringere Abnutzung der Unterbrecherkontakte, die nur noch den geringeren Basisstrom schalten müssen und beim Transistor entsteht kein Lichtbogen zwischen sich langsam öffnenden Kontakten. So ist schon beim Start eine hohe Zündspannung vorhanden. Diese Anordnung ist dennoch für feuchte Bootsmaschinenräume wenig geeignet, da sie nebenschlußempfindlich ist, ein großer Teil des für den Zündfunken vorgesehenen Stromes fließt nämlich über mögliche Feuchtigkeit am Motor ab.
Man kann die Transistorzündanlage verbessern, indem ein photoelektrischer Impulsgeber den Schalttransistor steuert. Die Impulse macht man mit einem nachgeschalteten „Trigger“ steiler. Der Aufwand ist jedoch sehr groß und solche Zündanlagen sind dann auch nur hin und wieder an Außenbordmotoren zu finden.
Außenborderhersteller verwenden für ihre elektronisch gezündeten Motoren lieber Thyristerzündanlagen, auch Kondensatorzündung genannt, denn bei diesem System wird die Zündenergie nicht im magnetischen Feld der Zündspule, sondern in einem Kondensator zwischengespeichert. Über einen Thyristor (wie der Transistor eine

Die Elektronik für die Zündung dieses Außenbordmotors sitzt gut gekapselt am Motorblock. In Kunstharz eingegossen machen ihr Hitze, Erschütterungen und Feuchtigkeit nichts aus.

Halbleiterkonstruktion, dessen Katoden-Anodenstrecke leitend wird, wenn das Gate eine positive Spannung mit einem gewissen Strom bekommt) und über die Primärwicklung der Zündspule wird der Kondensator entladen. Der Thyristor hat die Eigenschaft, schlagartig leitend zu werden, und genau das wird hier gebraucht.
Der Kondensator wird zwischen den Zündimpulsen auf- und im Zündzeitpunkt entladen. Seine Ladespannung beträgt 300 ... 400 Volt. Zum Laden des Zündkondensators erhält das System einen Gleichspannungswandler, oder aber, er wird durch einen einzigen Impuls aufgeladen, den eine monostabile Sperrschwinger-Schaltung liefert. Bei der letzteren Methode steht die Zündenergie unabhängig von der Drehzahl immer gleichmäßig zur Verfügung. Zum Zünden wird der

Thyrisator durch eine Triggerschaltung angesteuert. Der Kondensator entlädt sich über die Zündspule, so daß an deren Sekundärseite ein Hochspannungsimpuls von 25 Kilovolt entsteht, der innerhalb von 3 Mikrosekunden da ist.
Bei der Magnet-Thyristorzündung, die sich insbesondere für kleine Außenborder eignet, die ohne Batterie fahren, erzielt man durch eine Kippschaltung eine noch steilere Flanke des Zündstromes, so daß 15 Kilovolt in 0,2 Mikrosekunden erreicht werden. Solche Zündleistungen reichen aus, um selbst bei „abgesoffenen Motoren" noch einen zündenden Funken zu erzeugen.
Thyristorzündanlagen sind die einzige Alternative für den Bordbetrieb von Ottomotoren. In der Regel wird der Zündzeitpunkt noch durch Drehzahl- und Unterdruck-Verstellmechanismus gesteuert. Komplexe Verstellfunktionen, wie sie beispielsweise bei Hochleistungsmotoren nötig werden, lassen sich damit jedoch nur noch sehr schwer herstellen. Die nächste Generation von Zündsystemen, die vollelektronischen, machen aber auch das möglich.
Anstatt Unterdruck- und Fliehkraftversteller im Zündverteiler rechnet hier ein Mikrocomputer jeweils zwischen zwei Zündvorgängen den neuen optimalen Zündzeitpunkt. Der Rechner bekommt dazu von geeigneten Sensoren die unterschiedlichen Betriebszustände des Motors, wie Last, Drehzahl und Kühlwassertemperatur. Eine Leistungs-Halbleiterschaltung erzeugt dann zum Zündzeitpunkt einen Hochleistungsimpuls. Hochintegrierte Digitalschaltungen in Miniformat machen das möglich.

Überwachung

Elektronik ist geradezu prädestiniert, für Überwachungsaufgaben im Schiff eingesetzt zu werden. Überwachen, das bedeutet auf Yachten in den meisten Fällen, den Anschluß eines Instrumentes an einen Ferngeber, der eine betriebswertanaloge Spannung, Impulse oder sonstige elektrische Signale produziert. Das Instrument macht sie sichtbar. Allenfalls folgt noch der Anschluß eines akustischen Signalgebers.

Das indes ist nur der Anfang eines elektronischen Überwachungssystems, welches Parameter vom Hauptmotor anzeigt, wie Drehzahl, Öldruck, Kühlwassertemperatur etc. oder auch allgemeine schiffsspezifische Konstanten überwacht, wie die Bilge oder die Tanks.

Die moderne Mikroelektronik löst solche Aufgaben mit einem Zentralcomputer, der alle analogen Werte in digitale umwandeln kann, die er wiederum in seinem Rechner verarbeitet, wenn es sein muß. Eine zentrale „Blackbox" bietet erhebliche Vorteile: An ihren digitalen Ausgängen können weiterhin Anzeigegeräte angeschlossen bleiben, LCD-Anzeiger, eventuell auch mehrzeilige, um voneinander abhängige Werte zu vergleichen.

Weiter aber können, wenn man den Mikrocomputer mit den nötigen PROMs ausrüstet, programmierbaren Nur-Lesespeichern also, auch bereits verkettete Werte abgerufen werden, etwa bei Motorfahrt, den momentanen Kraftstoffverbrauch, den der Rechner aus Kraftstoffdurchflußmenge, Drehzahl oder Fahrt errechnet, oder den augenblicklichen Aktionsradius, wenn der Tankinhalt als Parameter noch hinzukommt. Alles ist möglich, bis hin zum Drucker für das „Maschinenjournal" oder ähnlich.

Eine zentrale Mikroelektronik macht dann auch die elektronischen Schaltungen der Einzelsysteme überflüssig, Voraussetzung sind allerdings geeignete Zwischenschaltungen, Schnittstellen oder Interface, wie man auch sagt. Wenn die einzelnen Eingänge auch noch justierbar gemacht sind, dann können alle möglichen Geber direkt angeschlossen werden, gleich ob sie Spannungsänderungen oder Zählimpulse signalisieren. Die Schnittstellen geraten dann auch zum wichtigsten Faktum eines Einsatzes von Mikrocomputern auf Yachten. Im Folgenden beschreibt dieses Kapitel eine Anzahl von Überwachungssystemen, die, besonders für Yachten interessant, auch auf einen zentralen Mikrocomputer gebracht werden können.

Motorüberwachung

Verbrennungsmotoren müssen überwacht werden und ganz besonders solche in schlechtbelüfteten Motorenkisten von Yachten. Ein komplettes System überwacht Kühlwassertemperatur, Öltemperatur, Öldruck und Drehzahl. Für den normalen Segelyacht-Diesel ist mit Öldruck- und Kühlwasserüberwachung meist schon genug getan.

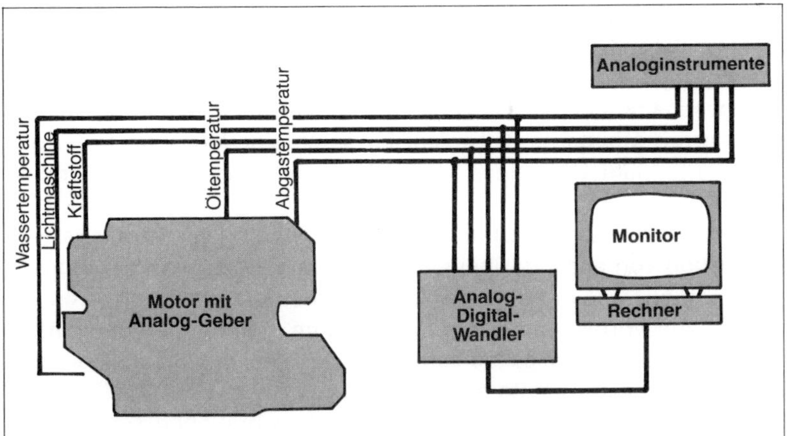

Motorüberwachung auf einem Monitor: Zentrale Erfassung macht eine Verknüpfung der Parameter möglich. Voraussetzung ist der sogenannte Analog-Digital-Wandler.

Zu jedem Instrument gehört ein entsprechender Geber am Motor, der Meßwerte in Form elektrischer Signale an das Meßgerät gibt. Oft wird das Signal verstärkt und elektronisch umgewandelt, wie zum Beispiel beim Drehzahlmesser. Will man den Öldruck des Motors vom Cockpit kontrollieren, gibt ein Widerstandsferngeber dem Druck analoge elektrische Werte auf ein Meßwerk.
Den Druck mißt man normalerweise mit einem Rohrfedermanometer, das über ein Kupferrohr am Motor angeschlossen wird. Für die Fernmessung aber muß es elektrisch werden. Zur Temperaturmessung werden an Bord Fernthermometer mit elektrischer Übertragung verwendet, die einen Geber mit eingebautem Platindraht besitzen. Seine Widerstandsänderung ist ein Maß für eine Änderung der Temperatur. Drehzahlmesser haben einen kleinen eigenen Generator, der als Geber an einer Welle des Motors sitzt und eine drehzahlabhängige Spannung auf ein Meßwerk gibt. Ein Drehzahlanschluß an der Lichtmaschine (Kontakt W) macht diesen Geber überflüssig. Richtig elektronisch wird es bei der Motorüberwachung jedoch erst, wenn die Drehzahlmessung optoelektrisch vorgenommen wird. Hier wird ein Fototransistor durch die Zähne eines Zahnrades von einem Lichtstrahl getroffen, je nach Drehzahl in schneller oder langsamer Folge. Eine nachgeschaltete Elektronik zählt die Impulse und zeigt sie als Umdrehungen pro Minute an. Oft reicht für solch eine Messung sogar der reflektierte Lichtstrahl eines auf der Welle markierten hellen Punktes aus.
Wirkungsvoller für die Erkennung einer Störung am Motor ist die Integration von allen zu überwachenden Funktionen in eine zentrale Alarmanlage, was mit einem Mikrocomputer leicht zu realisieren ist. Sie hat den Vorteil, eine Störung bereits im Moment des Entstehens akustisch und optisch zu melden, so daß ein Fehler nicht erst bei einer Kontrolle der Instrumente bemerkt wird.
Überwachungsinstrumente und Alarmsystem brauchen sich gegenseitig nicht auszuschließen. Auf großen Yachten ergeben beide eine gute Synthese. Eine Motorenalarmanlage besteht dann auch aus der Blackbox mit den dazugehörigen Alarmgebern. Die Mikroelektronik

verarbeitet die ankommenden Signale von den Gebern und zeigt sie akustisch und optisch an.
In Anlehnung an die von Klassifikationsgesellschaften geforderte Norm ertönt ein Signalhorn in Verbindung mit dem Blinklicht einer optischen Meldung, die als Leuchtfeld zum Beispiel „Kühlwassermangel" auf einem LCD-Display sitzen kann, das auch grafische Darstellungen zeigt. Auf dem Tastenfeld ist es möglich, den akustischen Alarm zu quittieren, wobei dieser aussetzt und das Blinklicht in Dauerlicht übergeht. Es steht so lange an, bis die Störung beseitigt ist.
In einer in Hybrid-Technik aufgebauten Motorenalarmanlage ist jedem Alarmgeber eine Steckkarte zugeordnet, die als integrierte Schaltung einen Ruhestrom-Schaltverstärker für das Störungssignal erhält. Je nach Anzahl der Alarmstellen läßt sich die Reihe beliebig fortsetzen. Ein Transistor steuert den akustischen Alarm an.

Ein Bildschirm am Steuerstand macht Überwachungsinstrumente überflüssig.

Für verschiedene individuelle Belange kann man die Elektronik erweitern, indem Steckkarten für Blinklicht hinzukommen, oder Karten mit Verzögerungsgliedern, die zum Beispiel einen „Brennstofftank-leer-Alarm“ verhindern, wenn beim Überholen des Schiffes dauernd ein Schwimmerschalter betätigt wird.
Einer besonderen Behandlung bedarf der Öldruck. Sein Normalzustand ist erst nach einigen Sekunden Laufens da. Der Ölmangelalarm soll also nicht auslösen, bevor sich überhaupt ein Öldruck aufbauen konnte, da sonst jeder Motorstart vom Hupen des Alarmhornes begleitet würde. Eine Alarmunterdrückungskarte, von einem Brennstoffdruckschalter oder der Ladespannung des Alternators angesteuert, macht die Elektronik perfekt.
Natürlich kann ein Alarmsystem auch den Abstellmagnet steuern, so daß im Alarmfall von allen oder einigen Gebern automatisch der Motor abgestellt wird. Eingeschaltet wird entweder durch einen Brennstoffdruckschalter oder über Klemme 61 des Generators, damit in jedem Fall eine Überwachung selbsttätig da ist.

Tanküberwachung

Um den Flüssigkeitsspiegel in einem Tank zu messen, gibt es verschiedene Systeme. Sie reichen vom einfachen Schwimmer bis zum Prinzip der elektrischen Widerstandsmessung des im Tank vorhandenen Mediums. In Yachttanks findet man meist den Hebelschwimmer und (seltener) den Schwimmer im Tauchrohr.
Allgemein bekannt sind Geräte, die mit dem Hebelschwimmer funktionieren. Hier wird ein Federkontakt auf einem Potentiometer bewegt analog zum Flüssigkeitsstand. Das Potentiometer ist ein auf einen Keramikkörper gewickelter Drahtwiderstand mit zwei festen Anschlüssen und einem beweglichen Abgriff. Er benötigt elektrische Spannung aus dem Bordnetz. Die Spannung wird so angeschlossen, daß für ein Meßgerät (Voltmeter) je nach Stellung des Schleifers, eine bestimmte Spannung abfällt. Sie – auf Meßgerät und Tank geeicht – ist ein Maß

für die augenblickliche Tankfüllung.
Man besitzt damit ein Tankanzeige-System, wie man es sich eigentlich besser nicht wünschen kann: Der Stromverbrauch ist gering und das System einfach. Leider aber bewegt sich ein Schiff, und mit ihren Schlingerblechen ähneln Tanks oft zerklüfteten Unterwassergebirgen. So verhaken Schwimmer, und der Widerstand des Potentiometers scheuert nach einiger Zeit durch von der permanenten Bewegung des Federkontakts auf einer Stelle (beziehungsweise schmort durch, wenn er dauernd unter Spannung gelassen wird).
Eine bessere Möglichkeit einer Tankanzeige ist die Messung der Durchflußmenge, der Menge „Sprit" also, die ein Motor verbraucht, oder der Menge Wasser, die die Crew beim Duschen verplempert. Ist der entsprechende Tank erst einmal ausgelitert, weiß man damit, wieviel noch drin sein muß. Natürlich kann man das Anzeige-Instrument auch auf die Differenz zwischen vollem Tank und verbrauchter Menge eichen.

Dieses moderne Kombi-Instrument zeigt gleichzeitig den Tankinhalt und die Bordspannung an.

Durchflußmesser werden bei der Kraftstoffmessung eingesetzt, wo man den Verbrauch in den Bord-Computer gibt (siehe hierzu auch AP-Navigator). An Bord von Yachten ist der Durchflußmesser gut einzusetzen. Sein Prinzip ist einfach, seine Messung sehr genau. Der Geber

eines solchen Systems wird in die Verbrauchsleitung eingebaut. Er enthält in seiner Durchflußkammer einen Impeller, der vom durchfließenden Medium in Drehung versetzt wird. Die Anzahl der Impulse innerhalb einer Lichtstrecke, die der Impeller je nach Durchflußmenge schneller oder langsamer unterbricht (Prinzip Log), sind ein Maß für die Menge.
Immer mehr aber kommen auch rein elektronische Tankmeßgeräte an Bord von Yachten. Die Tanks selbst schließlich nehmen, in Ermangelung einer Bilge, oft bizarre Formen an, wenn sie in Backskisten und unter Ankerkästen einen Platz finden müssen. Ohne Schwimmer mit einem flexiblen Geber arbeitet ein System auf kapazitiver Basis. Es nutzt die Tatsache, daß ein in eine Flüssigkeit eintauchender Kondensator seine Kapazität linear zur Eintauchtiefe ändert. Die Kapazitätsänderung wird elektronisch zu einer Anzeige verarbeitet: Sie verändert in einem Oszillator die Schwingfrequenz, was Maß für den Füllstand im Tank ist.
Eine andere Möglichkeit, auch in kompliziert geformten Tanks bis zum tiefsten Punkt zu kommen, ist ein Widerstandsdraht (als Geber), der im Tank vom höchsten bis zum niedrigsten Niveau gespannt ist. Er wird von einem konstanten Strom durchflossen, der durch die Stromwärme eine Änderung des Widerstands des Drahtes hervorruft. Erwärmung und Draht-Widerstand sind abhängig von der eingetauchten Länge des Drahtes und damit Kriterium für die nachgeschaltete Elektronik, die in Litern geeichte Menge anzuzeigen.

Batterieüberwachung

Nach wie vor läßt die Säuredichte einer Batterie eine gute Beurteilung ihres Ladezustandes zu. Jedoch ist ein Hantieren mit Aräometer und Säure an Bord nicht sonderlich bequem. „Batteriewächter“ können dem Skipper das abnehmen.
Es gibt einen Zusammenhang zwischen der Säuredichte und der Spannung einer Batteriezelle: Um auf die Ruhespannung zu kommen,

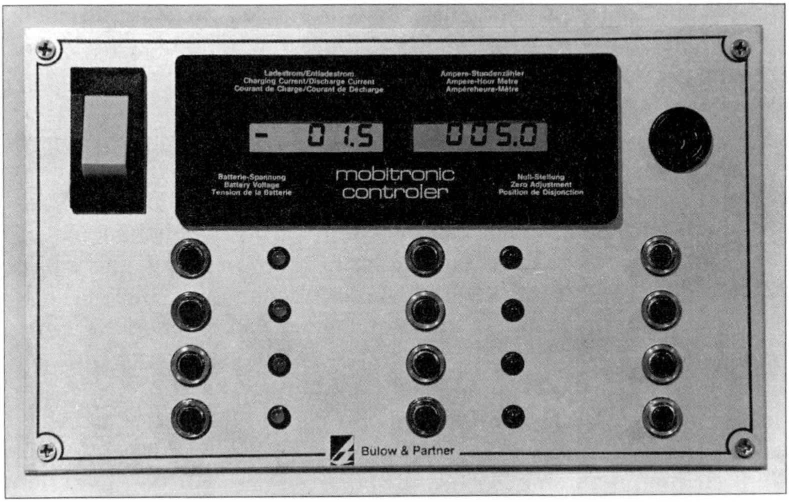

Die elektronische Überwachung einer Bordbatterie tut not, seit Batterien (ohne Verschlußstopfen wartungsfrei) keine Säuremessung mehr zulassen. Eine Möglichkeit ist die Aufrechnung des hineingeladenen Stromes mit dem entnommenen. Ladefaktor und Wirkungsgrad berücksichtigt dieses Gerät.

addiert man 0,85 zum Zahlenwert der Dichte. Es sollte leicht sein, mit einem einfachen Voltmeter, dessen Skala in dem Bereich der zwischen Entladung und Ladung sich einstellenden Spannung geeicht ist, den Ladezustand festzustellen. Nur hat eine solche Messung einen Pferdefuß, denn die eigentliche Batteriespannung ist vom Entladestrom abhängig. Mit der Belastung fällt sie sehr schnell ab, wenn sich die Batterie dem Entladezustand nähert.

Zur genaueren Bestimmung der Kapazität einer Bleibatterie muß deshalb gleichzeitig Batteriespannung und Entladestromstärke gemessen werden. Dazu kann entweder permanent die Leerlaufspannung mit der Spannung unter Last verglichen werden, oder jede einzelne Messung wird mit einer bestimmten „künstlichen" Belastung vorgenommen.

Instrumente, die den wirklichen Batteriezustand anzeigen können, arbeiten mit elektronischen Speichern, die über eine bestimmte Zeit Belastungsstöße sammeln und sie in die „stromkompensierte" Spannungsmessung einfließen lassen. Dazu werden heute Mikroprozessoren verwandt, die die Messungen mit einer einprogrammierten Kennlinie vergleichen können.
Auf Yachten arbeitet man indes vorerst noch mit Voltmetern, wenn auch sehr genauen. Mit der Mikroelektronik ist es möglich, digitalanzeigende Instrumente zu bauen mit Toleranzen von weniger als einem Prozent, die damit in der Lage sind, die nötigen zwei Stellen hinter dem Komma zu realisieren. Im ungünstigen Fall machen sie einen Fehler von 0,08 Volt. Das ist nötig, denn die Ruhespannung einer 12-Volt-Batterie zwischen voll und leer beträgt nur 0,86 Volt.
Das gleiche zeigt ein Voltmeter mit dieser Toleranz und einer gespreizten Anzeige mit acht Skalenteilen (8 bis 16 Volt). Sie allerdings zu interpretieren fällt vielen Skippern schwer. Für sie eignet sich ein Digitalgerät besser, das nicht nur die Spannung mißt, sondern auch mit einer zusätzlichen Warneinrichtung vor Tiefentladung schützt.
Eine Warnung kommt über einen Summer, wobei gleichzeitig eine optische Anzeige blinkt. Kriterium dafür ist eine Unterspannung von 10,4 Volt. Für eine Zwölf-Volt-Batterie in unseren Breiten (das bedeutet, ihre Säuredichte bei Volladung und 20 Grad Celsius beträgt 1,28 kg/l) geht man dabei von folgenden Spannungswerten aus: An der vollgeladenen Batterie mißt man 12,72 Volt, für die halbgeladene stehen 12,24 Volt, für die entladene 11,76 Volt.
10,5 Volt auf dem Instrument bedeuten Tiefentladung. Bei allen Werten handelt es sich um die Ruhespannung, die Spannung ohne Belastung. Um Fehlmessungen durch Spannungsverluste an Kabel und Klemmen vorzubeugen, empfiehlt es sich, direkt an der Batterie zu messen.
Exakt angeben, wieviele Amperestunden noch in der Batterie sind, können indes auch hochwertige elektronische Voltmeter nicht. Das hängt wie gesagt im wesentlichen auch von der Höhe des entnomme-

nen Stromes ab. Zur Kapazitätsbestimmung müssen die Amperes eben mit berücksichtigt werden.
Hier gibt es ein Gerät, das ebenso einfach wie effektiv arbeitet: Zählt man nämlich mit, wieviel Amperestunden man einer leeren Batterie bei der Ladung zuführt, dann kann man, wenn man ebenso die wieder entnommenen Amperestunden zählt, bei Berücksichtigung eines Ladefaktors (der die Batterieverluste mit einkalkuliert) auf die noch zur Verfügung stehende Kapazität schließen.
Batteriewächter sind eine gute Hilfe bei der Überwachung der Bordbatterie, wenn sie das Aräometer auch nicht völlig ersetzen können: Genauere Auskunft über den Zustand der Batterie bekommt man immer noch über die Säure. Batteriewächter aber messen permanent und elektronisch, das haben sie den Säuremessern voraus.

Überwachung der Gasküche

Undichte Stellen an Verschraubungen von Gasleitungen und durchgescheuerte Schläuche entdeckt man oft zu spät. An einige Teile kommt man nur schlecht zur Wartung heran. Ein Gaswarnsystem „schnüffelt" ausgeströmtes Gas und gibt dem Skipper damit Sicherheit. Gasmeldesysteme können gleichzeitig Kohlenmonoxid aufspüren, das zum Beispiel bei unvollständiger Verbrennung von Flüssiggaskochern und Ölbrennern entsteht.
Bevor es zu einem Unfall kommt, spricht ein gutes Gaswarngerät (vor Erreichen der unteren Explosionsgrenze) an, beziehungsweise bevor Kohlenmonoxid die Crew vergiftet (wenn in kalter Nacht bei geschlossenem Steckschott der Heizofen brennt). Die Gas-Ansprechgrenze ist auch von kleinen Leckagen schnell erreicht, so daß eine Gaswarnanlage schon bei einem Wert von etwa 20 Prozent der unteren Explosionsgrenze Alarm gibt. Ausgelaufenes Propan wird damit schon bei 0,3 Prozent Gemischanteil angezeigt.
Moderne Elektronik macht sie empfindlich, daß sie bereits Spuren von Gas anzeigen – lange bevor sich explosible Gemische bilden können.

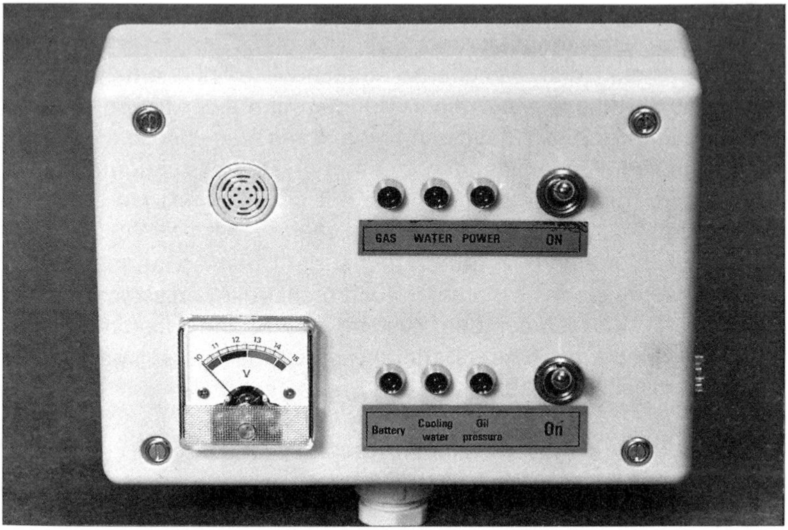

Gaswarngeräte unterscheiden sich von anderen Warnsystemen lediglich durch ihre Geber. Das Foto zeigt einen kombinierten elektronischen Warner für alle möglichen Bordfunktionen. Die Elektronik ist immer gleich.

In der Regel sind Yacht-Gasschnüffler auf 0,5 Prozent eingestellt. Das Geheimnis sind die Sensoren, sie sind die eigentlichen Schnüffler. Elektronische Steuergeräte, die einen Alarm auslösen bei einer gefährlichen Konstellation von Gas und Luft, sind normale Triggersysteme, wie man sie in anderen Alarmsystemen auch findet.
Zwei Sensoren-Arten sind heute auf dem Markt: Neben dem Platindraht, der von einem elektrischen Strom durchflossen zum schwachen Glühen angeregt wird, gibt es die Gasmessung mit Halbleitern. Diese Messung ist weiter verbreitet, da sie mit geringeren Strömen auskommt. Auch sie hat eine Anwärmzeit nötig, die nach dem Einschalten bis zu drei Minuten dauern kann.

Da Gasmelder für ihren Betrieb elektrischen Strom benötigen, können sie natürlich nur messen, wenn sie eingeschaltet sind. Eine dauernde Einschaltung aber verhindert oft der knappe Energiehaushalt an Bord: 500 Milliampere über längere Zeit belasten die Batterie erheblich, so daß man es sich überlegen muß, die Anlage permanent eingeschaltet zu lassen.
Ein Arbeiten nach dem Ruhestrom-Prinzip, das die Anlage im stromlosen Zustand funktionsfähig hält, ist bei der Gasmessung nicht möglich. Anders, wenn man ein Gassperr-System verwendet: Ein elektromagnetisches Ventil an der Gasflasche öffnet erst, wenn eingeschaltet wird, also Strom da ist. Trifft Gas auf den Sensor, schaltet es ab und eben auch, wenn der Strom ausfällt.

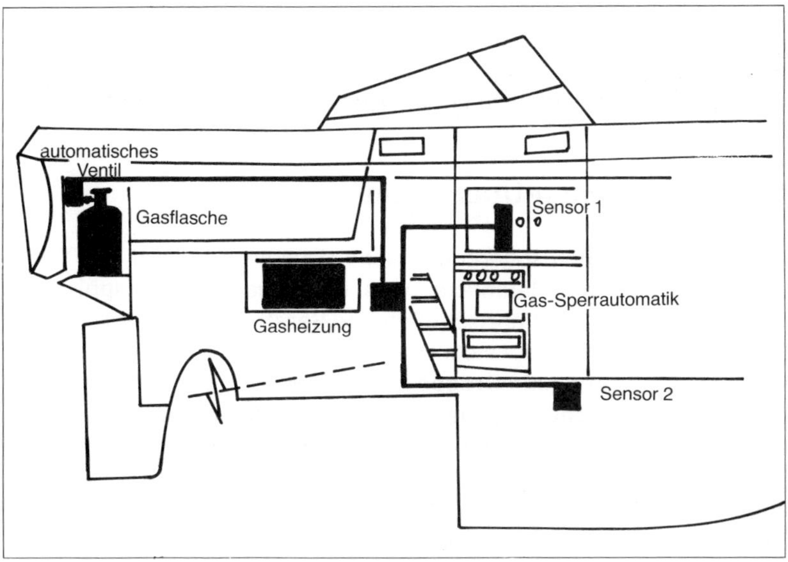

Eine Gasheizung bedarf besonderer Sicherheitsvorkehrungen: Ein sensorgesteuertes automatisches Ventil an der Gasflasche schaltet bei ausströmendem Gas ab. Sensor 1 überwacht die Pantry, Sensor 2 die Bilge.

Es ist damit kein eigentlicher Gasmelder, aber Leuchtdioden oder Summer sind leicht anzuschließen. Ein solches System macht Gas an Bord sicher. Einiges noch zur Installation von Gassensoren: Gas aus der Pantry, Butan, Propan oder das Gemisch aus beiden ist schwerer als Luft und damit in der Bilge anzutreffen. Diese Flaschengase sammeln sich an den tiefsten Punkten im Schiff. Hierin gehört somit der Flüssigkeits-Gasfühler.
Benzinluftgemische sind leichter als Luft. Sie verflüchtigen sich in der Regel sehr schnell. In einem geschlossenen Motorkasten kann es dennoch zu einem explosiven Gemisch kommen. Hier benötigt man den Gassensor ebenfalls, wenn man es nicht vorzieht, mit dem Starterknopf vorher einen Lüfter einzuschalten, der die Luft aus dem Motorraum absaugt. Einen dritten Fühler verwendet man über der Pantry, da hier Kohlenmonoxid entstehen kann.
Glimmfaden-Sensoren halten nicht ewig. Sie altern. Man sollte sie jedoch nicht selbst austauschen. Besser ist es, sein Gerät zu Beginn jeder Segelsaison warten zu lassen. Erst dann ist Gas an Bord sicher.

Positionslaternen-Überwachung

Als Positionslaternen sollen nur solche Leuchten an Bord von Yachten kommen, deren Baumuster vom Deutschen Hydrographischen Institut für die Seeschiffahrtsstraßen und Seestraßen zugelassen sind. Sie müssen einzeln abgesichert werden, oder auf kleinen Yachten mindestens als getrennte Gruppe zu schalten sein. Dazu ist es gut, sie einzeln zu überwachen. Für nach den Vorschriften des Germanischen Lloyd gebaute Yachten ist das obligatorisch. Glühlampen nämlich haben nur begrenzte Lebensdauer, die von verschiedenen Faktoren abhängt. Ausfälle können daher jederzeit eintreten.
Ein Lampenüberwachungssystem sollte einen Defekt optisch anzeigen. Leuchtdioden (LED), klein in Abmessung und Leistung, können so in die Zuleitung der einzelnen Navigationslaternen geschaltet werden, daß sie als „Stromzeigelampen" wirken. Beim Ausfall eines Posi-

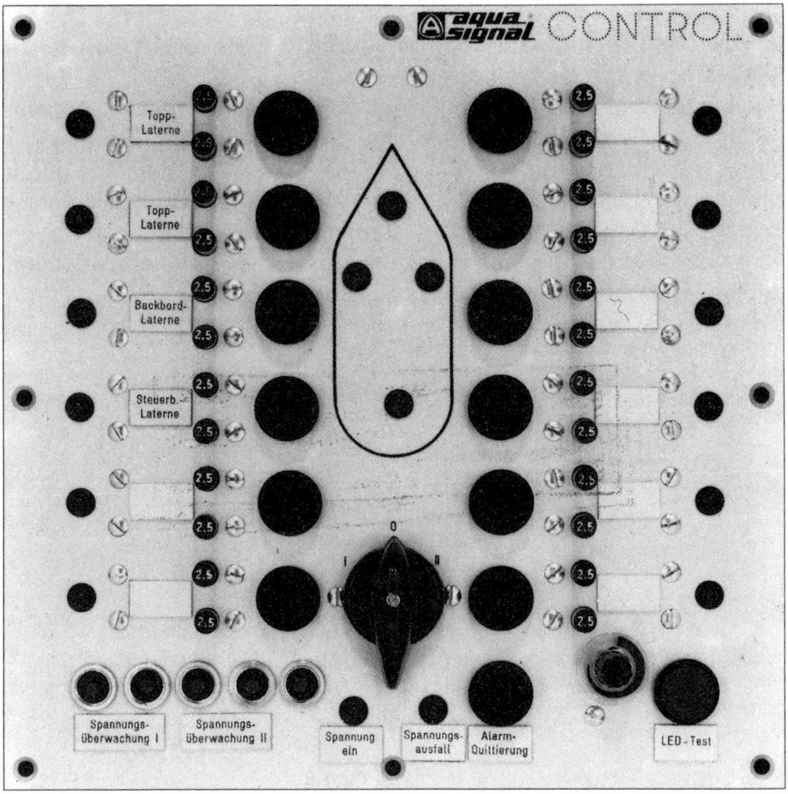

Diese Schalttafel überwacht Positions- und zusätzliche Signallaternen, dazu auch die Bordspannung. Ein akustischer Alarm kann mit einer Taste abgestellt werden. Der optische Alarm bleibt erhalten, bis der Fehler beseitigt ist.

tionslichts erlischt auch die zugehörige Diode und signalisiert so eine Störung.

Eine Elektronik überwacht mit Hilfe von Reedrelais (das sind kleine Schalter, die in einem Glasröhrchen sitzen und von ebenso kleinen

Magneten betätigt werden) den Stromfluß der einzelnen Lampenkreise. Die Leuchtdioden am Schaltbrett werden durch von ihnen angesteuerte Transistoren geschaltet.
Ein anderes System arbeitet mit kleinen Meßwandlern, die im Lampenkreis liegen und bei Ausfall (defekte Glühlampe, Leitungsunterbrechung) eine sogenannte Fehlerlogik ansteuern. Von hier wird durch Blinken der Leuchtdioden und einen akustischen Alarm der Fehler signalisiert. Bei Quittieren vom Tastenfeld geht das Blinken in Dauerlicht über und der Signalton verstummt. Die LED erlischt erst, wenn der Fehler beseitigt wurde. Dieses der Berufsschiffahrt entlehnte Prinzip bietet optimale Sicherheit.

Eine gute Lösung einer Positionslaternen-Überwachung ist dieser Gestaltungsvorschlag von VDO. Die Anzeigen sind nicht größer als die normalen Instrumente.

Zentralcomputer

Für Überwachungsaufgaben hervorragend einsetzen lassen sich sogenannte Personal-Computer, Rechner mit einem Mikroprozessor als Haupteinheit (die mit Peripherie-Geräten wie Drucker, Bildschirm, Plotter und Massenspeichern erweitert werden können). Mit der geeigneten Software kann man den Rechner für praktisch alle nötigen Rechnungen und Vorgänge benutzen, vorausgesetzt, man hat die

Möglichkeit, den Computer mit den zur Verfügung stehenden Daten zu füttern.
Dazu gehören neben einer Buchstaben-Tastatur für „Verwaltungsaufgaben" und einem Zahlenblock für die an Bord durchzuführenden Rechnungen unterschiedliche Schnittstellen zum Anschluß von bereits an Bord vorhandenen Geräten und den hier zuvor geschilderten Parametern. Hinzu kommen Speedometer, Windmeßanlage, Decca-Navigator und dergleichen. Man besitzt damit einen Zentral-Computer für alle an Bord vorkommenden Aufgaben.
Leider aber (und das ist ein Manko sämtlicher Personal-Computer) arbeiten sie mit 220-Volt-Wechselstrom, und sie sind nicht ausreichend geschützt gegen den rauhen Seebetrieb. Schockbeanspruchungen, salzhaltige Luft und erst recht Spritzwasser machen ihnen zu schaffen.
Selbst der HP 110 beispielsweise, ein relativ teures Gerät, zeigte bereits nach einigen Wochen auf einem Zehn-Meter-Regattaboot unter Deck gefahren Korrosion an den Tastenfeld-Kontakten. Andere sind noch weniger geeignet.
Handheld-Rechner (wie der HP 71) scheinen da widerstandsfähiger und müssen außerdem nicht dauernd den Unbilden auf See ausgesetzt sein (man kann sie in die Tasche stecken). Solche Computer sind batteriebetrieben und zeichnen sich durch kompakte Abmessungen aus. Sie können ebenfalls in höheren Programmiersprachen programmiert und mit verschiedenen Peripherie-Geräten erweitert werden.
Als Anzeigeeinheit dient jedoch in der Regel ein Zeilendisplay, was für „höhere Aufgaben" zu wenig ist. Man muß andere Wege gehen, um an einen echten Bordcomputer zu kommen. Der nämlich sieht so aus: Er arbeitet mit einer Bordspannung zwischen neun und 30 Volt. Die eigentliche Rechnereinheit wird völlig wasserdicht gebaut, der ausschließliche Einsatz von C-MOS-Bauteilen macht das möglich. Wasserdichte Folientasten sind ebenfalls kein Problem wie auch Farb- oder Monochrom-Monitore, die salzwassergeschützt ins Cockpit eingebaut sind.
Lediglich die Floppy-Laufwerke sind dann noch relativ ungeschützt.

Die aber kann man an einem besonders geschützten Platz einbauen. Je nach Bedarf bekommt der Bordrechner Schnittstellen, die vor allem auch für größere Fahrtenyachten wichtig werden, die weiterführende Parameter, zum Beispiel Überwachungen für Maschine und Tanks, Generatoren und Batterie, Kühlaggregate etc. anschließen und zentral gezeigt haben wollen. Alle Daten schließlich lassen sich im Rechner verknüpfen, so daß er dem Skipper Hinweise auf wichtige Entscheidungen geben kann. Das Problem analoger Meßfühler wie Motor-, Bilge- und Tanküberwachung wird mit Analog-Digitalwandlern gelöst.

Die Überwachung der Hauptmaschine des Generators, der Tanks, der Bilgen usw. ist über diese Zwischenstufe kein Problem mehr. Der Rechner kann sogar Maschinen oder andere Aggregate stoppen, wenn die Gefahr größerer Schäden bestehen sollte.

Über angeschlossene Durchfluß-Meßgeräte bestimmt er die jeweils ökonomische Marschgeschwindigkeit, die Reichweite bei gegebenem Treibstoffvorrat und er gibt auch Alarm, wenn der nächste Zielort mit dem vorhandenen Sprit nicht mehr zu erreichen ist. Der Computer überwacht die Stromversorgung, schaltet selbständig bei Bedarf den Generator ein, öffnet oder schließt Treibstoff- und Wassertanks, läßt Lenzpumpen oder Gasabsauger arbeiten. Er beherrscht alle logischen Verknüpfungen viel schneller, und er macht keine Fehler.

Navigation

Aus dem Cockpit einer kleinen Yacht zu navigieren war immer sehr viel schwieriger als von der Brücke eines großen Berufsschiffes. Lange bevor Fiete Skipper überhaupt an Navigationselektronik denken konnte, benutzten die Navigationsoffiziere großer Frachter und Tanker schon Radar, Decca, Omega und Satelliten für ihre Standortbestimmung.

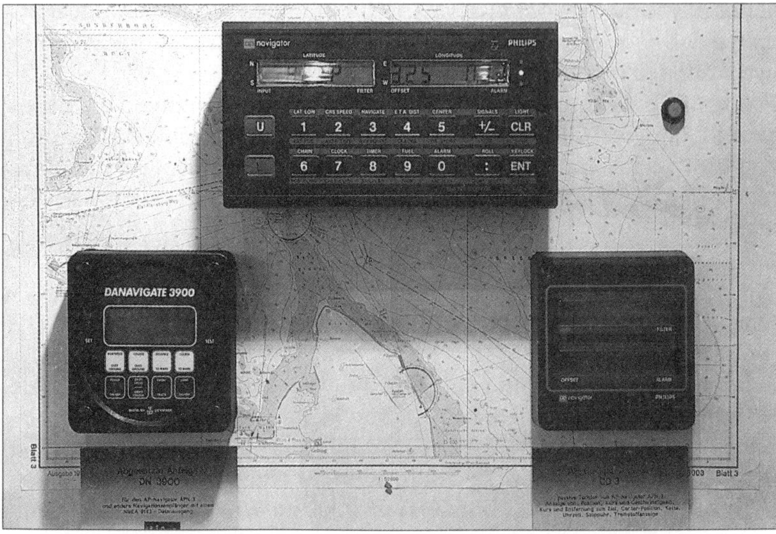

Der erste Computer-Navigator, der auch auf kleinen Yachten sehr schnell Verbreitung fand, ist der AP-Navigator. Heute sind selbst Satelliten-Navigatoren und Radargeräte klein genug in Abmessungen und Stromverbrauch, um mit kleinem Kraftwerk auf engem Raum betrieben werden zu können.

Ohne daß ein Nautiker in die Navigation eingegriffen hatte, brachten bereits 1976 integrierte elektronische Navigationsgeräte den Tanker „Kathago Nova“ mit einer Genauigkeit von 0,5 Seemeilen auf einen vereinbarten Punkt. Die Reise ging vom nordspanischen Ferrol in die Nähe von Las Palmas.
Heute ist das auch kleinen Yachten möglich. Mikroelektronik hat es in wenigen Jahren fertig gebracht, die früher großen und stromfressenden Geräte auf „Yachtmaß“ zu schrumpfen. Nun müssen nicht gleich Radargerät und Satellitennavigator an Bord sein (Omega ist als welt-

weites Hyperbelnavigationssystem für Yachten ohnehin überholt), aber der Decca-Navigator beispielsweise ist als Computer-Navigator auch auf kleinen Yachten weit verbreitet.
Elektronisch navigieren, das fängt mit Kompaß, Lot und Log an, die es schon lange auf Yachten gibt. Rechnende elektronische Navigatoren sind erst relativ neu im Cockpit. Sie alle sind inzwischen hervorragende Hilfsmittel, den Wassersport sicherer und interessanter zu machen.

Kompaß

Magnet-Kompaß-Systeme sind diffizile Gebilde, die durch geeignete Peripherie-Konstruktionen wie Kardanik und schwingungsabsorbierende Lagerung von Rose (beziehungsweise Sensoren) seefest gemacht werden müssen. Es sollte auch für einen Sportboot-Kompaß selbstverständlich sein, die ISO-Norm 2269 zu erfüllen, deren Herstellungs- und Prüfvorschriften einen guten Kompaß garantieren.

Fernübertragungs-Kompasse arbeiten in der Regel mit einem Magnetsystem, das eine Kompaßrose überflüssig macht. Diese Fluxgate-Anlagen kann man an Bord in dem magnetisch am wenigsten gestörten Bereich einbauen.

Ein Problem auf Yachten ist der Einbauort, der „magnetisch sauber" möglichst im Zentrum des Schiffes liegen sollte. Für größere Segelyachten bietet sich die Kompaßsäule an. Doch was macht der Skipper, wenn er den Kompaßkurs von seiner Koje aus überwachen will oder ein zweiter Steuerstand vorhanden ist, von dem ebenfalls der Kompaßkurs gesteuert werden soll.
Hier sind Fernübertragungs-Kompaßanlagen die einzige Alternative. Man kann zudem mit einem Fernkompaß konstruktiv angeordneten Eisenmassen, wie dem Motor unter dem Cockpitboden, oder am Kompaß vorbeiführenden elektrischen Leitungen (die, wenn sie hohe Gleichströme tragen, zu großen Ablenkungen des Kompasses führen) aus dem Wege gehen – Grund genug, auf solche elektronisch gesteuerten Systeme zurückzugreifen.
Der Fernkompaß stellt denn auch die technikgewordene Idee dar, einen Magnetkompaß ohne Komplikation auf einem Stahlschiff zu verwenden, mehrere Monitore (Töchter) mit der gleichen Anzeige zu haben, einen Kursanzeiger neben anderen Instrumenten anordnen zu können (wo ein Magnetsystem von in unmittelbarer Nähe sitzenden Geräten mit meist eingebauten Permanentmagneten gestört werden würde) und das eigentliche Magnetsystem selbst an jedem beliebigen störfeldfreien Ort im Schiff einbauen zu können, – wenn es sein muß, sogar am Mast.
Fernübertragungs-Kompasse unterscheiden sich nach zwei Systemen. System Numero eins verwendet den „guten alten Flüssigkeits-Kompaß", dem ein induktives Abgriffssystem entweder von vornherein „eingepflanzt" oder später aufgebaut wurde. Das Kompaß-Magnetsystem besitzt damit eine Ringspule mit einem Kern hoher Permeabilität, wobei die Spule dreimal angezapft wurde, jeweils um 120 Grad. Bei Anlegen einer Wechselspannung der ungefähren Frequenz von 400 Hertz, die von der Elektronik produziert wird, baut sich im Ringspulen-Kern ein wechselndes Magnetfeld auf, das von dem im Kompaß erzeugten Kraftfeld überlagert wird. Dabei ist seine Richtung der des Erdfelds gleich.
Dreht sich nun das Schiff mit seinem eingebauten Kompaß, so bewegt

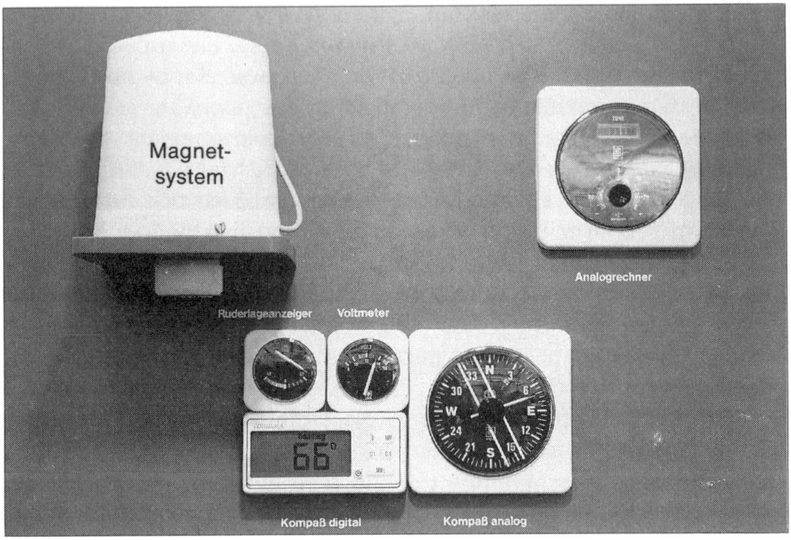

Der Fluxgate-Kompaß gibt nicht nur eine Analog-Anzeige, auch eine digitale Anzeige ist leicht möglich, wie man sie zum Beispiel am Kartentisch gut gebrauchen kann.

sich das Magnetfeld (relativ zum Schiff) und erzeugt damit zwischen den Anzapfungen eine Spannungsdifferenz, die ein Ungleichgewicht bewirkt. Das Empfängersystem der Tochter hält durch ein dabei auftretendes Drehmoment einen Zeiger (im Anzeige-Instrument) auf dem Kurs, den der Mutterkompaß im Augenblick anzeigt.

Das zweite System wird auch „Fluxgate-Fernkompaß" genannt und benutzt einen „Sensor" als „Mutter", der mit einem herkömmlichen Magnetkompaß nichts mehr gemein hat. Eingebaute kreuzförmig angeordnete Spulen (Sonden) messen als Sinus-Cosinus-System direkt die Stärke und Richtung des erdmagnetischen Feldes und geben dies als elektrisches Signal auf eine Elektronik. Die so gemessene Richtungsänderung des Schiffes wird wie beim Flüssigkeitskom-

paß auf einem Instrument dargestellt. Selbst die oftmals nötig werdende Kompensation übernimmt die Elektronik.
Fluxgate-Systeme besitzen denn auch gegenüber Flüssigkeits-Systemen einige Vorteile. So zeigen sie jede Richtungsänderung des Schiffes direkter und ohne Verzögerung an. Überschwingende Anzeigen, bei der schwimmenden Kompaßrose normal, kommen selbst bei rauhem Rollen und Stampfen nicht mehr vor, so daß der Rudergänger nicht „vorzuhalten" braucht.
Tochterkompaß-Anzeigen sind in der Regel Zeigerinstrumente, wo ein zentralangeordneter Zeiger sich über die 360 Grad einer Kompaßrose bewegt. Wer die Anzeige auf einer sich drehenden Rose vorzieht, kann auch das haben (von der Mutteranzeige eines Magnetkompasses auf die Zeigeranzeige einer Tochter kommend, ist das ohnehin anzuraten): Auch Kompaßanzeigen von Fluxgate-Systemen gibt es mit Anzeigen, wo sich die Rose dreht.
Kümmern muß man sich bei Kompaß-Fernsystemen um ihren Stromverbrauch: 375 Milliampere sind im Moment wenig. Segelt man jedoch beispielsweise drei Tage durch, dann muß man allein dem Kompaß-System 27 Amperestunden aus der Bordbatterie zur Verfügung stellen. Das ist für eine kleine Yacht oft zuviel.

Lot

Ein Echolot findet man auf fast jedem Sportboot. Für viele Eigner ist es das einzige elektronische Instrument überhaupt. Echolote sind wertvolle Geräte für Yachten, die in Küstennähe navigieren; beim Ankern sind sie unentbehrlich. So geraten sie zu elektronischen Tiefenmessern, die in Metern, Faden oder Fuß die Wassertiefe zwischen einem Schwinger (der im Bootsboden sitzt) und dem Grund anzeigen. Sie bestehen aus einem Anzeigegerät mit einer eingebauten Elektronik und dem Sender-Empfänger für Schwingungen um 150 kHz. Dieser sogenannte Schwinger sendet (drei bis 30 Impulse pro Sekunde) Ultraschallwellen in Richtung Grund und empfängt deren Echos. Aus

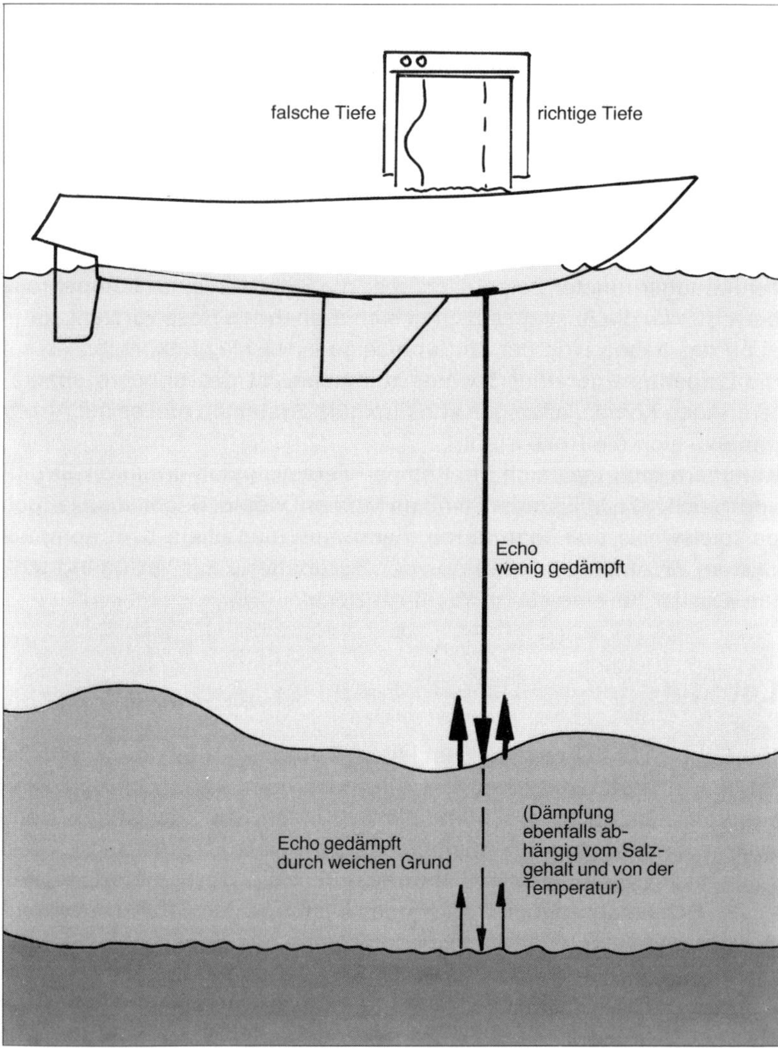
falsche Tiefe
richtige Tiefe
Echo
wenig gedämpft
Echo gedämpft
durch weichen Grund
(Dämpfung
ebenfalls ab-
hängig vom Salz-
gehalt und von der
Temperatur)

der Ausbreitungsgeschwindigkeit von zirka 1500 m/s ergibt sich die Wassertiefe.
Der Schwinger ist eine in Kunstharz eingegossene Blei-Zirkon-Titanatplatte. Er arbeitet nach dem elektrostriktiven Prinzip, wo eine angelegte Wechselspannung die Platte in mechanische Schwingungen versetzt und umgekehrt eine auftreffende Schwingung an der Mitte eine Spannung erzeugt. Die empfangenen Schwingungen werden wieder in elektrische Signale umgewandelt, verstärkt und der Zeitabstand zwischen der Impulsaussendung und dem Eintreffen gemessen. Eine analoge Spannung auf einem Anzeigegerät gibt die Wassertiefe an. Bis zu 20 Grad Krängung geben Lote einen brauchbaren Meßwert: Die Abstrahlwinkel ihrer Schwinger liegen zwischen 40 und 50 Grad. Gute Geräte sind mit einer Verstärkungsregelung ausgerüstet, entweder automatisch oder manuell, die Nebenechos unterdrückt. Bei rauher See (Geräuschstörungen durch sich brechende Seen) und in verschmutzten Gewässern (Echos von im Wasser schwimmenden Gegenständen) ist es dann auch vorteilhaft, mit der Empfindlichkeit herunterzugehen, um Nebenechos auszuschalten.
Die Anzeige nach dem Prinzip der umlaufenden Dioden, „Flimmerkisten-Prinzip“ genannt, ist geradezu klassisch. Hier trägt eine umlaufende Scheibe einige übereinanderliegende Leuchtdioden, die beim Sendeimpuls aufleuchten, wenn der Zeiger durch die Nullmarke einer Kreisskala geht. Sie leuchten ein zweites Mal auf, wenn der Impuls als Echo zurückkommt.
Je länger der Schall für die Strecke Schwinger–Grund und zurück benötigt, um so weiter ist der Weg, den die von einem Motor angetriebene Scheibe zurücklegt, um so größer auch die Tiefenanzeige. Die Anzeige eines solchen Echolots ist gut interpretierbar, weil bei weichem Grund zum Beispiel ein breiteres Echo abzulesen ist, Nebenechos und Interferenzen (Überlagerungen von Echos) ebenfalls angezeigt werden.

Die Zeichnung zeigt das Prinzip einer Echolotung: Ein harter Grund gibt stärkere Echos als ein weicher. Video-Echolote lassen eine Interpretation der Echos zu.

Die am häufigsten verwendete Anzeige ist die mit Flüssigkristallen (LCD). Solche Anzeigen verbrauchen wenig Strom. Doch sie haben Nachteile: Bei Störungen, zum Beispiel Luftblasen unter dem Schwinger, oder Propellergeräuschen ist oft keine Messung möglich, und Zwischenechos bewirken Fehlanzeigen, da immer nur das erste Echo angezeigt wird.
Dennoch sind sie für Yachten mit kleiner Batterie eine gute Alternative, wenn sie mit komplizierteren elektronischen Schaltungen ausgerüstet wurden, die solche Störungen aussondern können. Solche Selektierung und Störunterdrückung ist nötig, ein Digitalinstrument verarbeitet sonst alles, was am Schwinger an Geräuschen und Echos ankommt, zu einer mittleren Anzeige.

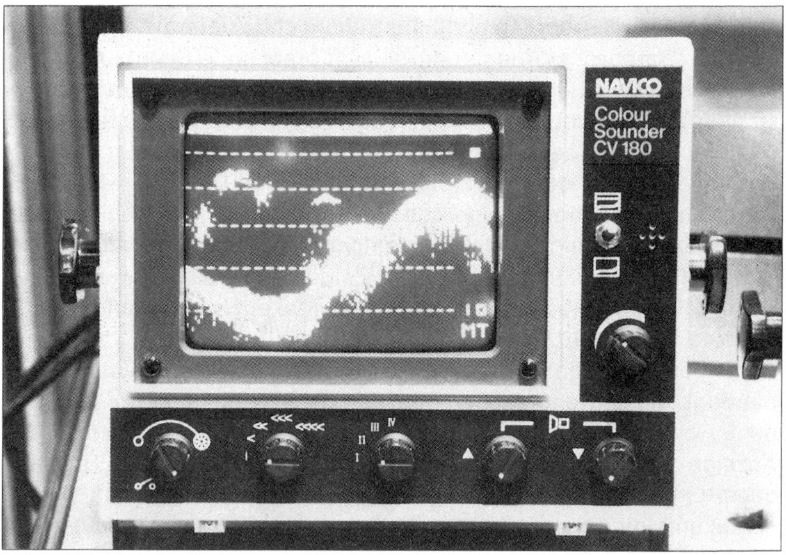

Video-Echolote zeigen nicht nur die Tiefe, sondern auch Bodenbeschaffenheit und Fischschwärme an. Es gibt sie mit Schwarzweiß- oder Farbmonitor und mit einem feingerasterten LCD-Display. Manche zeigen zusätzlich Wassertemperatur und Bootsgeschwindigkeit an.

Zeigerinstrumente haben praktisch die gleichen Nachteile wie Instrumente mit digitaler Anzeige, nur kann man sie bei Sonneneinstrahlung besser ablesen. Eine Anzeige mit Katodenstrahlröhre macht alle Echos deutlich, zeigt sie aber so, daß sie interpretierbar sind. Bodenbeschaffenheit und Fischschwärme sichtbar zu machen, ist für solche Geräte kein Problem. Sie leisten mehr, als es die Belange eines Yachtskippers erfordern. Mit einer Fischlupe ausgerüstet, sind sie für kleine Fischereifahrzeuge und Sportangler gedacht.
Der Schwinger sollte mit seiner planen Fläche mit der Außenhaut abschließen und auf keinen Fall vor dem vorderen Drittel der Schwimmwasserlinie eingebaut werden, da das Schiff im Seegang bis hier austauchen kann und sich Luftblasen sammeln, die vom Steven unter das Schiff gepreßt werden. Die aber schwächen das Echosignal ab, so daß keine Anzeige erfolgt. So baut man den Schwinger am besten vor dem Kielansatz ein.

Log

Die Bestimmung der Bootsgeschwindigkeit, die Erfassung der Versegelung und die Messung kleiner Geschwindigkeitsänderungen sind Fakten, die jeder Navigator parat haben sollte. Geräte, die diese Parameter ins Cockpit bringen, sind Yachtlogs, Speedometer, Schiffsgeschwindigkeitsanzeiger, die alle dasselbe tun, nämlich die Geschwindigkeit durch das Wasser in km/h oder nach alter Seefahrerart in Knoten anzuzeigen, die für gutgemachte Seemeilen pro Stunde (sm/h) stehen. Auch in den Tagen des metrischen Maßsystems wird auf See die Distanz, die Entfernung zweier Orte voneinander, in Seemeilen gemessen. Eine Seemeile kommt dabei dem sechzigsten Teil eines Meridiangrads gleich, der 1852 Meter mißt.
Die Meßsysteme indes sind modern, und ihre Elektronik hat nichts mit Tradition zu tun: Sie verarbeitet Signale von unterschiedlichen Meßwertgebern, wie Schaufelräder, Impeller, Staurohre und sonstigen Systemen am Schiffsboden. Gemessen wird die Geschwindigkeit des

den Schiffsrumpf umströmenden Wassers. Die Anzeige hängt von dem Einbauort des Gebers ab und indirekt von der Rumpfform. Eine Nachjustierung des Logs nach dem Einbau ist immer zu empfehlen. Vom Werk aus sind Yachtlogs für eine Strömung des Wassers unter dem Rumpf von sechs Prozent weniger als der wahren Geschwindigkeit eingestellt. (Das ist normal für einen Verdrängertyp mit einem Geber möglichst weit vorn).

Das Messen der durchlaufenden Distanz (Meilenzähler) beruht auf dem gleichen Prinzip wie die Geschwindigkeitsmessung. Einfache Systeme zeigen oft nur die Geschwindigkeit an, nicht die Distanz, die für eine Navigation mit dem Log jedoch wichtig ist. Die Anzeige der Bootsgeschwindigkeit realisiert ein Zeigerinstrument oder eine Digitalanzeige. Wichtig bei der Auswahl des Logs ist die passende Skala zur Geschwindigkeit des Bootes.

Eine Segelyacht, extreme Leichtbauten ausgenommen, kann nicht schneller sein, als es ihre Rumpfgeschwindigkeit erlaubt. Sie ist abhängig von der Wasserlinienlänge. Es ist ihre *Rumpfgeschwindigkeit* in Knoten $= 2{,}43 \sqrt{\text{Wasserlinienlänge in Metern.}}$

Das ergibt für eine Yacht von neun Metern in der Wasserlinie eine Rumpfgeschwindigkeit von 6,6 Knoten. Ein Anzeigegerät bis zu zehn Knoten ist damit ausreichend, auch wenn beim Surfen auf der Welle hin und wieder mehr als zehn Knoten Fahrt gemacht werden.

Ein weitverbreiteter Meßwertaufnehmer ist der Impeller. Er trägt in seinen Flügeln Permanentmagneten, die einen Magnetschalter, ein sogenanntes Reedrelais, betätigen, das abwechselnd öffnet und schließt. Die Anzahl dieser Schaltimpulse ist proportional der Geschwindigkeit; sie wird auf dem Instrument angezeigt. Impeller-Geber sind empfindlich. Sie arbeiten zwar außerhalb der vom Schiffsrumpf erzeugten turbulenten Strömung, kommen aber sehr schnell durch Seegras unklar.

Solche Unzulänglichkeit eliminiert ein Schaufelradgeber, dessen Schaufeln nur zu einem Drittel aus dem Schiffsrumpf ragen. Er ist besser geschützt. Auch Schaufelradgeber arbeiten mit Reedrelais, drehen jedoch in der turbulenten Strömung, in einer Grenzschicht

also, in der durch Reibung und verstärkt durch Rauhigkeiten am Unterwasserschiff Wirbelzonen erzeugt werden. Sie können daher manchmal nicht so exakt wie die in ungestörten Wasserschichten wirkenden Impeller arbeiten.
Der ins Wasser ragende Finger eines anderen Gebers wird je nach Fahrgeschwindigkeit zurückgedrückt (und ist damit das elektronische Pendant des Staudrucklogs). Im Geber bewirkt der Finger eine Frequenzänderung, die die Elektronik im Gerät auswertet. Sie liefert außer der Fahrtanzeige auch die zurückgelegte Distanz. Bei Berührung mit irgendwelchen Hindernissen klappt der Fühlerfinger zurück und bleibt damit funktionsfähig.
Bei allen genannten Logs besteht der Geber aus einem mechanischen Teil, das von der Wasserströmung in Bewegung gesetzt wird und unter dem Schiffsrumpf mehr oder weniger stark Beschädigungen ausgesetzt ist.
Der Geber des elektromagnetischen Logs kann dagegen bündig mit der Außenhaut eingebaut werden. Sein Prinzip: Der Geber erzeugt senkrecht zur Fahrtrichtung ein magnetisches Feld, das von im Wasser vorhandenen Ladungsträgern (Ionen) bei Fahrt relativ zum Magnetfeld bewegt und durch die sogenannte Lorentz-Kraft ausgelenkt wird. An zwei im Geber sitzenden Elektroden entsteht dadurch eine geschwindigkeitsproportionale Spannung, die gemessen wird. Dieses Prinzip funktioniert um so besser, je salziger und damit leitfähiger das Wasser ist.
Das inzwischen von allen deutschen Admiral's-Cuppern verwendete Sonic-Speed-System arbeitet ebenfalls ohne bewegliche Teile mit zwei Mini-Sonden, wovon jede abwechselnd Sender und Empfänger von Ultraschallwellen ist, die durch das Wasser laufen und, sofern sich dieses Wasser bewegt (das Boot macht Geschwindigkeit), eine Laufzeitveränderung erfahren. Das wertet die nachgeschaltete Elektronik aus. Dazu müssen die Sonden am Schiff so eingebaut werden, daß sie sich gegenüberliegen, die eine beispielsweise am Bootsboden vor dem Kiel, die andere in die Kielvorderkante. Der Abstand muß zwischen 0,8 und 1,4 Metern und der Winkel aus der Waagerechten

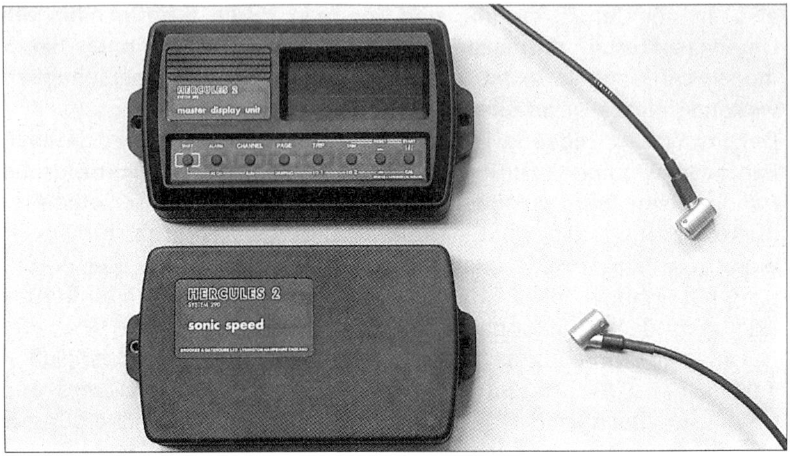

Das Sonic Speed-System arbeitet mit Ultraschall. Kriterium für die Fahrt ist die Veränderung der Schallwelle zwischen zwei Sonden.

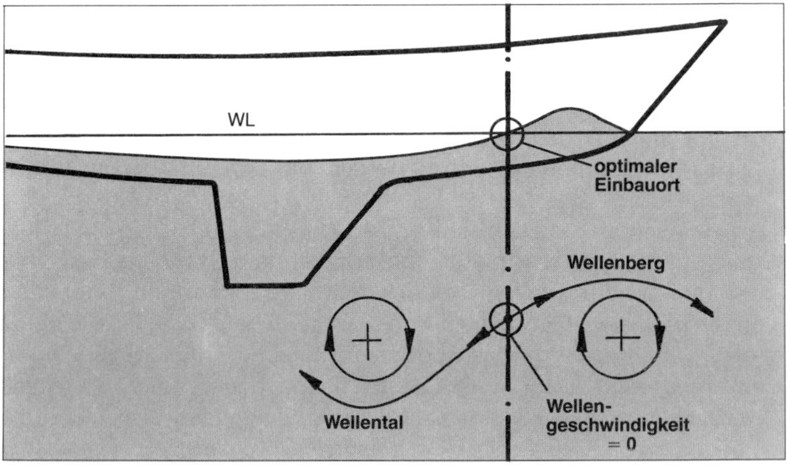

Der optimale Einbauort eines mechanischen Loggebers liegt da, wo sich Wellenbildlinie (bei Rumpfgeschwindigkeit) und Wasserlinie schneiden.

zwischen 20 und 30 Grad messen. In beiden Richtungen werden nun die Laufzeiten aufgenommen. Sie sind gleich groß, wenn das Schiff keine Fahrt macht. Der Vorteil dieses Systems: Es ist genau, und es kommt mit kleinen Sonden aus.
Obgleich Yachtlogs Strom und Stromversetzung nicht berücksichtigen und man ihre Anzeigen mit einer Portion Skepsis bewerten muß, ist es erforderlich, sie zu eichen, will man sie auch als Navigationsgerät benutzen. Anzeigegenauigkeit von Log und Meilenzähler hängen weniger von ihrer Elektronik, als von der Rumpfform und Einbauposition des Gebers ab.

Koppelrechner

Wenn man die mit der Logge gemessenen Distanzen mit den dazugehörigen Kursen (vektoriell also) addiert, dann kann man damit seinen augenblicklichen Schiffsort ermitteln, angefangen von einem bekannten Ausgangspunkt. Von Hand verfährt man dabei so, daß man alle Versegelungen exakt in die Karte einzeichnet (gegebenenfalls unter Berücksichtigung von Abdrift und Strom).
Dieses sogenannte Koppeln (nach jeder Geschwindigkeits- oder Kursänderung muß man erneut loggen und die der Zeit und Geschwindigkeit entsprechende Distanz am Kurs abtragen) bedeutet Arbeit, besonders wenn man öfter über Stag geht. Ein elektronisches Instrument hilft dem koppelnden Navigator: der Kursrechner. Das System besteht aus einem elektronischen Kompaß, einem Anzeigegerät für die Abweichung vom Kurs und dem Rechner. Es kann darüber hinaus um einen Kursanzeiger für den Steuermann erweitert werden.
Der Kartenkurs wird an einer drehbaren Skala des elektronischen Kompasses eingestellt. Der Kompaß gibt für jeden Meter den Kursfehler in den Rechner, während vom Log die abgelaufene Distanz eingegeben wird. Beide Parameter werden von der Elektronik des Rechners verarbeitet und auf dem Anzeigegerät als ständige Information über Abweichung des Schiffes nach Backbord oder Steuerbord signalisiert.

Koppelrechner waren lange Zeit einfache Geräte, die nicht mehr konnten als Kurs- und Logwerte in Relation zu bringen. Sogenannte Plotter benutzen alle möglichen Navigationsparameter, um einen Koppelort zu bestimmen. Dieser gibt den Ort auf einer einprogrammierten Seekarte an.

Das Anzeigegerät für die Kursabweichung zeigt diese auf eine hundertstel Meile genau an, und zwar Meilen rechtwinklig vom (am Kompaß eingestellten) Kurs. Die Anzeige erfolgt digital auf einem doppelzeiligen LCD für Backbord- und Steuerbordkursfehler, oder analog wie bei einer Zeituhr mit einem großen und einem kleinen Zeiger: Der große macht eine Umdrehung für jede Meile rechtwinklig vom Kurs, der kleine zeigt pro Umdrehung 100 Meilen Kursfehler. Die Drehrichtung gibt den Backbord- und Steuerbordfehler an.
Mit dieser Information ist es einfach, den Koppelort zu bestimmen, selbst wenn der Rudergänger oft Kursänderungen vornehmen muß. Die abgelesene Abweichung wird dann in die Seekarte eingetragen und eine Parallele in diesem Abstand zum wahren Kurs gezeichnet.

Ein Zirkelschlag mit der vom Log gemessenen Distanz um den Standort ergibt den neuen Koppelort.
Abdrift und Stromversetzung werden auch vom Rechner nicht berücksichtigt. Beide Komponenten müssen als Schätzwert in die Karte eingetragen werden.
Einfacher zu interpretieren ist die Darstellung einer Koppelrechnung mit einem Schreiber. Das System benutzt selbstverständlich ebenfalls Parameter von Steuerkompaß und Log. Der tatsächlich gesegelte Kurs wird so aufgezeichnet, daß das erhaltene Diagramm Aufschluß über Abweichungen vom am Kompaß eingestellten Kurs nach links oder rechts über die Mittellinie des in Graden geeichten Papiers gibt.
Die Geschwindigkeit des Papierstreifens wird vom Log gesteuert als direkte Funktion der abgelaufenen Meilen (25 mm für 1 sm). Der Navigator besitzt damit eine permanente Aufzeichnung des gesegelten Kurses und der Distanz. Er kann so für jeden Augenblick den exakten Standort koppeln. Gibt man statt der Distanz die Bootsgeschwindigkeit auf den Schreiber, besitzt man ein Diagramm, nach dem sich leicht Segelleistungstabellen und Polardiagramme herstellen lassen.

Funkpeiler

Auf Yachten ist der Funkpeiler früherer Zeiten fast tot, sieht man einmal von den Handfunkpeilern und den wenigen Gonio-Peilern größerer Boote ab. Der Decca-Navigator und das Loran C-System haben ihm mit vermeintlicher höherer Genauigkeit den Garaus gemacht. Als billigstes Funkpeil-System machen die Handfunkpeiler jedoch Furore. Sie sind dem anfänglichen Notbehelf inzwischen zum vollwertigen Navigationsgerät entwachsen.
Funkpeilen im klassischen Sinne hat denn auch den seemännischeren Touch gegenüber der Computer-Navigation sogenannter Hyperbel- oder Satelliten-Navigatoren. Es ist der terrestrischen Navigation schließlich sehr ähnlich und auch wohl deshalb bei vielen Skippern

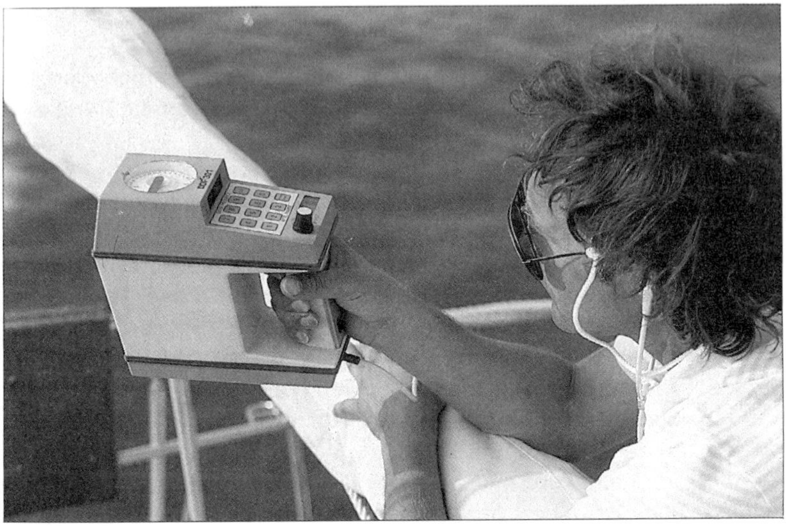

Handfunkpeiler sind Minimum-Peilgeräte, mit denen man wie in der terrestrischen Navigation arbeitet. Dämmerungs- und Landeffekt haben jedoch auf die Peilgenauigkeit großen Einfluß.

beliebt. Anstelle der Klapprahmen-Antennen und der fest installierten Ferritstäbe dreht man heute den gesamten Peiler. Antenne und Kompaß sind eingebaut und das „Minimum“ kommt über den Kopfhörer. Damit ist der Handfunkpeiler schon beschrieben.

Funkpeiler sind „im Prinzip“ Überlagerungsempfänger, denen eine richtungsempfindliche Antenne vorgeschaltet wurde. Je nach Richtung zum Sender gibt es einen Maximum- und Minimum-Empfang über einen Winkel von 180 Grad. Das Prinzip der Peilung beruht auf der (waagerechten) Antenne, die in verschiedenen Stellungen zum Sender eine unterschiedliche Anzahl von vom Sender ausgestrahlten Feldlinien schneidet. Dieses Phänomen läßt sich mit einem kleinen Transistorradio feststellen: Wenn man es dreht, ändert sich die Lautstärke.

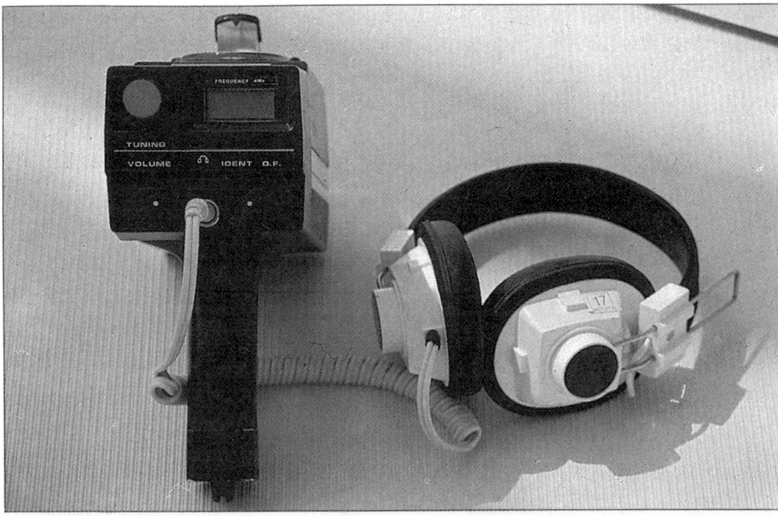

Dieses Gerät besitzt einen Flüssigkeitskompaß mit Prisma, der auch als Peilkompaß benutzt werden kann. Solche handlichen Peilgeräte sind auf großen Yachten als Zweitsysteme zu finden.

Die modernen Handfunkpeiler besitzen einen eingebauten Ferritstab mit einer darauf gewickelten Spule und einen aufgesetzten Magnetkompaß. Visiert man den Sendemast eines Kreisfunkfeuers (in der Seekarte RC = radiophare circulaire) an, dann hört man am Empfänger des Peilers im Idealfall nichts. Der Ferritstab liegt senkrecht zu den ausgestrahlten magnetischen Feldlinien und bietet ihnen keine Fläche – also kein Empfang. Dieser Bereich der geringen Lautstärke ist scharf abgegrenzt und läßt sich damit im Gegensatz zum Maximum gut für eine Peilung verwenden (Minimum-Peilung).
Die Sender sind Kreisfunkfeuer und senden in einem Frequenzbereich zwischen 150 kHz und 500 kHz, also auf Langwelle. Diese Wellen haben eine sehr weit reichende Bodenwelle, die sich in konzentrischen Kreisen um den Sender ausbreitet. Man bekommt zwei Minima

und zwei Maxima, wobei Minimumwerte um 180 Grad gegeneinander verdreht auftreten. Die richtige Seite zum Funkfeuer hin kann man mit Handfunkpeilern nicht feststellen. Wenn man aber mitgekoppelt hat ist der Bereich, in dem das RC liegen muß, leicht feststellbar.

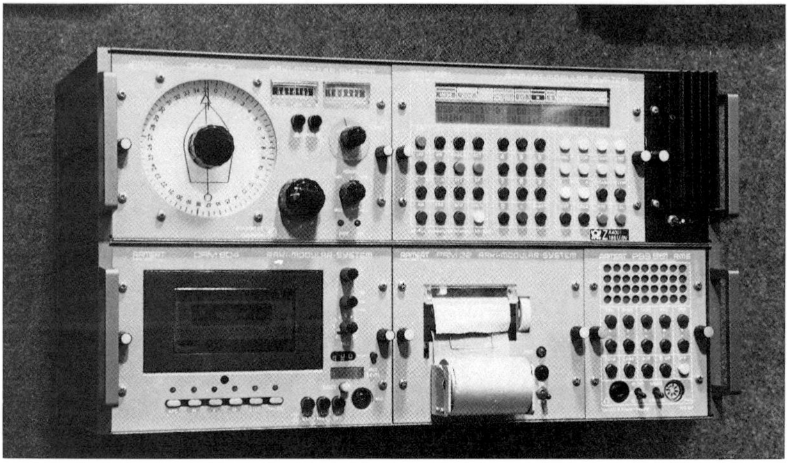

Auch die modernen Hyperbel- und Satelliten-Navigatoren haben die Minimum-Funkpeilung nicht verdrängen können. Zumindest als Zweitsystem finden diese Geräte überall noch Verwendung. Das Foto zeigt einen modernen Universalempfänger mit integriertem Gonio-Peiler.

Alle Angaben, die zur Identifikation eines Funkfeuers erforderlich sind, findet man im „Jacht-Funkdienst". Die Funkpeilung ergibt praktisch eine Kompaßpeilung. Ein durch Peilen von Funkfeuern bestimmter Standort indes ist nur genau, wenn man auch die Ausbreitungseigenschaften von elektromagnetischen Wellen berücksichtigt. Wenn nämlich solche Funkwellen lange Wegstrecken durchlaufen oder ihr Winkel in Strahlrichtung gegen die Küste sehr spitz ist, dann können Fehlweisungen beziehungsweise sogenannte Küstenlinienfehler auftreten. Bei solcher Wegablenkung des Funkstrahls ist einer Peilung nicht mehr zu trauen.

Ein anderer Fehler ist der Dämmerungseffekt, der hauptsächlich in der Zeit von einer Stunde vor Sonnenuntergang bis eine Stunde nach Sonnenaufgang eintritt. Man erkennt solche Fehler am „Verschwimmen" des Minimums, eine Folge der Laufzeitverschiebung von Boden- und Raumwelle. (Man muß jetzt auf Funkfeuer zurückgreifen, die in der Nähe des Schiffsortes liegen. Jedoch sind auch sie mit Vorsicht zu werten). Ein dritter vorkommender Fehler – man bezeichnet sie insgesamt mit Funkfehlweisung – hat seine Ursache in der Ablenkung oder Reflexion des Funkstrahls durch elektrisch leitende Teile des Schiffes, wie dem Rigg, dem Schiffskörper selbst oder benachbarten Antennen.
Der Gonio-Peiler besitzt eine Kreuzrahmen-Antenne, die aus zwei Rahmenschleifen besteht. Hier induziert die ankommende Wellenfront eines Kreisfunkfeuers eine Hochfrequenz-Spannung mit je nach Einfallsrichtung unterschiedlicher Amplitude. Diese HF-Spannung gelangt über Kabel auf die Statorwicklungen eines sogenannten Goniometers, das im Peilergehäuse sitzt.

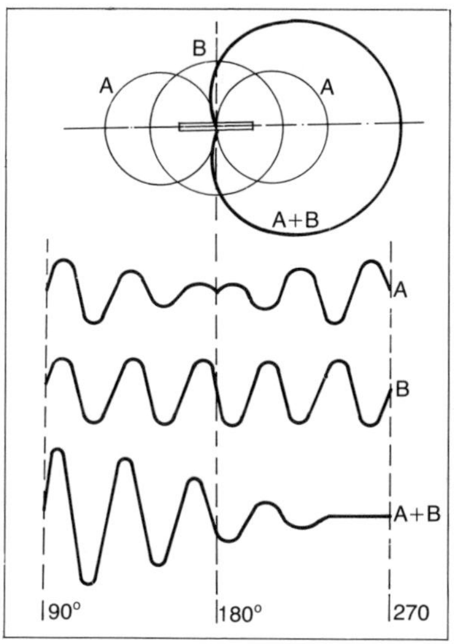

Die Funkpeilung mit Ferritstab- oder Rahmenantenne ist nicht eindeutig. Die Überlagerung des Signals (A) mit dem einer Hilfsantenne (B) ergibt eine Herzkurve, die eine eindeutige Identifikation des Kreisfunkfeuers ermöglicht (A + B).

Innerhalb dieses Goniometers – es besteht aus einer Miniatur-Kreuzspulen-Nachbildung des Goniorahmens – und einer innenlaufenden Suchspule, dem Rotor – bilden sich die Empfangsverhältnisse der Kreuzrahmen-Antenne nach. Der Rotor wird im Feld der Statorwicklungen gedreht. Bei einer theoretischen Drehung einer Antennenschleife um 360 Grad entsteht ein Spannungsverlauf in Form eines Doppel-Kreisdiagramms, das jedoch zwei Minima aufweist. Es ist daher noch eine Seitenbestimmung nötig, die durch eine Hilfsantenne realisiert wird.
Das jetzt entstandene Spannungsdiagramm hat den Verlauf einer Kardioide, einer Herzkurve, und damit ein eindeutiges Minimum. Die bei dieser Zusammenführung von Hilfsspannung und den um 90 Grad versetzten Peilantennenspannungen phasenmäßige Addition beziehungsweise Subtraktion liefert letztlich eine aus der Einfallsrichtung des Senders resultierende NF-Spannung. Die steuert einen Motor, der mit der Achse der Rotorspule des Goniometers und dem Peillineal der Peilanzeige verbunden ist.
Bei der Addition beider Peilantennen-Spannungen entstehen theoretisch wieder zwei Minima (zwei Kardioiden). Durch eine laufend um 180 Grad umgeschaltete Suchspulenspannung ist jedoch nur ein Minimum für den Motor stabil, so daß dieses für eine eindeutige und seitenrichtige Peilanzeige benutzt werden kann. Der Motor dreht so lange, bis die Spannung an der Rotorspule ein stabiles Minimum erreicht. Der Peilzeiger zeigt jetzt in Richtung des einfallenden Funkfeuers.
Die Größe eines örtlichen Funkpeilfehlers – Funkdeviation genannt – ist abhängig vom Aufstellungsort des Peilrahmens und vom Winkel des gepeilten Funkfeuers zur Schiffslängsrichtung. Die Funkdeviation muß (unter Umständen auch für einen mittleren Krängungswinkel) in Funkbeschickungs-Tabellen erfaßt werden. Und noch andere äußere Einflüsse, außer den beim Handfunkpeiler genannten, können das Peilergebnis verfälschen. Eine Fehlpeilung beispielsweise ist möglich beim Empfang von zwei annähernd gleich starken Funkfeuern mit geringem Abstand zur Sendefrequenz.

Wenn der Empfang eines Feuers durch starke Rundfunksender oder Gewitter beeinflußt wird, ist die Peilung ebenfalls vorsichtig zu bewerten: Die Kennung kann so mit Störungen überlagert sein, daß der Peilzeiger keine eindeutige Richtung anzeigt.

Hyperbelnavigatoren

Navigationsrechner, die ihre Information aus einem imaginären, die Meere überspannenden Hyperbelnetz erhalten, haben wie kein anderes System die Yachtnavigation verändert. Kaum ein Boot in Nord- und Ostsee, das keinen Decca-Navigator an Bord hat, kaum eine Yacht im Mittelmeer ohne Loran C.

Spezielle Karten, in den früheren Zeiten solcher Navigationssysteme zur Auswertung ihrer (Hyperbel-)Messungen noch nötig, braucht der Yachtnavigator längst nicht mehr. Dazu liefern ihm diese Geräte Geschwindigkeit über Grund, Wegpunktprogrammierung und Uhrzeit gleich mit. Mit der passenden Schnittstelle sind sie hervorragendes Peripheriegerät für einen Navigations- und Leistungscomputer obendrein.

Das Prinzip der Hyperbelnavigation ist die Messung der Laufzeitdifferenzen beziehungsweise Phasendifferenzen von Signalen zweier Sender. So bestehen Hyperbel-Navigationssysteme aus Leit- und Nebensendern, die zeitlich synchron Impulse aussenden. Es entstehen Standlinien in Form von Hyperbeln, die sich aus dem Verfahren ergeben, denn eine Hyperbel beschreibt mathematisch den geometrischen Ort aller Punkte, deren Entfernung von zwei gegebenen Punkten (Sendern) eine konstante Differenz haben.

Ein Empfänger also, der sich irgendwo zwischen zwei Sendern befindet, empfängt (wenn er nicht gerade auf einer gedachten Mittellinie – Centerlinie – zwischen beiden Sendern steht) die beiden Signale zeitlich unterschiedlich. Dadurch ergibt sich die Signallaufzeit-Differenz. Ein fahrendes Schiff mit einem eingebauten Empfänger, dessen Laufzeit-Differenz gleichbleibt, würde sich somit auf einer Standlinie in der Form einer Hyperbel bewegen.

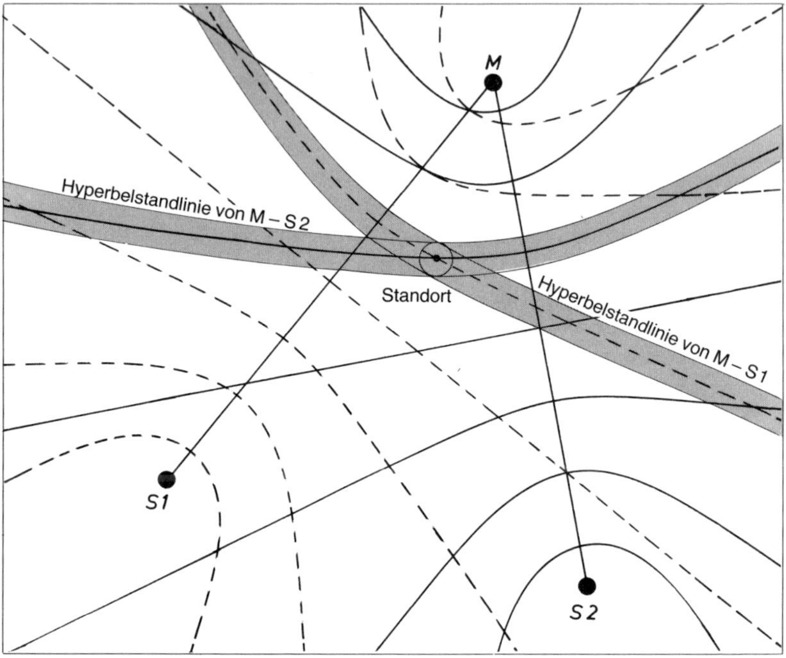

Aus der Messung der Laufzeitdifferenzen beziehungsweise Phasendifferenzen der Signale zweier Sender ergeben sich Hyperbeln als Standlinien. Decca und Loran C arbeiten so; man nennt ihre Empfänger Hyperbelnavigatoren.

Bei den Signalen unterscheidet man, wie bei allen in diesem Bereich arbeitenden Sendern, zwischen Boden- und Raumwellen. Das bedeutet, es ist möglich, das Signal direkt (Bodenwelle) und auch reflektiert zu empfangen. Mit Einbruch der Dunkelheit steigt die Bedeutung der Raumwelle: es kommt zu günstigeren Reflexionen an den oberen Schichten der Ionosphäre, die eine Ausbreitung der Raumwelle begünstigen. Dagegen wird sie durch die hohe Ionisationsdichte wäh-

rend der hellen Tageshälfte geschwächt, so daß die Bodenwelle an Einfluß gewinnt.
Bei aller neuartigen Elektronik und Computertechnik gehorchen auch Hyperbel-Navigationsgeräte den Regeln der Ausbreitung elektromagnetischer Wellen. Davon hängt neben der eingebauten Technik die Genauigkeit ihrer Positionsbestimmung ab.
Die Geschwindigkeit von Radiowellen ist über Wasser und Land unterschiedlich. Das führt zu Fehlern ebenso wie der Dämmerungseffekt, wo Bodenwelle und an der Ionosphäre reflektierte Welle gleichzeitig empfangen werden. Ebenso stören atmosphärische Aufladungen, Gewitter, Regen und so weiter den Empfang. Ungenauigkeiten bis zu einigen Seemeilen können dabei auftreten. Auch hohe Geschwindigkeiten (über 30 Knoten) beeinträchtigen die Arbeit des Rechners.
Erst wenn man auch diese Einflüsse berücksichtigt, sind Hyperbelnavigatoren ein gutes und auch genaues Navigationshilfsmittel. Um eine Standortberechnung durchzuführen, benötigt der Empfänger Signale vom Hauptsender und mindestens zwei Nebensendern.

Loran C

Loran C-Sender stehen überall dort, wo die Amerikaner an Einfluß gewonnen haben, in Europa beispielsweise bestreichen sie fast das gesamte Mittelmeer. Durch den Neubau eines zusätzlichen Senders in Frankreich ist es jedoch auch auf der Nordsee (mit einem Hauptsender in Norwegen und einem Nebensender auf Sylt) möglich, mit diesem Hyperbel-System zu einem sicheren Standort zu kommen.
Loran C ist gegenüber Decca das modernere und genauere Verfahren. Das Navigationssystem Loran – Abkürzung für Long Range Navigation – gibt es schon seit 40 Jahren. Es wurde anfangs als Loran A in Amerika entwickelt, und auch deutsche Schiffe benutzten es in den Jahren 1950 bis 1960. Inzwischen arbeitet man mit Frequenzen im Langwellenbereich und konnte damit die Reichweite und die Genauigkeit der Standortbestimmung verbessern. Diese Loran C genannte

Loran-C-Geräte zeigen den Standort direkt in Länge und Breite an. Als Computer-Navigatoren sind sie in der Lage, auch die Geschwindigkeit über Grund, verschiedene Wegpunkte und sonstige wichtige Faktoren auszurechnen.

Modifikation benutzt die Frequenz 100 Kilohertz mit Impulsleistungen zwischen 400 kW und 3 MW.

Eine Loran-C-Senderkette besteht aus einem Hauptsender und zwei bis vier Nebensendern (Slave), die mit W, X, Y und Z bezeichnet werden. Sie liegen bis zu 1000 Seemeilen voneinander entfernt. Mit jedem Nebensender bildet der Hauptsender ein Senderpaar, und er synchronisiert ihre Signale. Auf 0,1 Mikrosekunde genau wird der Abstrahlungs-Zeitpunkt der Nebensender mit Hilfe einer Atomuhr realisiert.

Um die Loran-Sender im Empfänger zu unterscheiden (immerhin arbeiten sie alle mit der gleichen Trägerfrequenz von 100 Kilohertz), ist jede Senderkette durch eine besondere Impulsgruppen-Modulation gekennzeichnet. Eine Senderimpuls-Gruppe setzt sich aus acht Impulsen mit einer Impulspause von 1000 Mikrosekunden zusammen. Der Hauptsender strahlt außerdem noch einen neunten größeren oder kleineren Impuls ab. Damit kann er vom Empfänger eindeutig identifiziert werden.

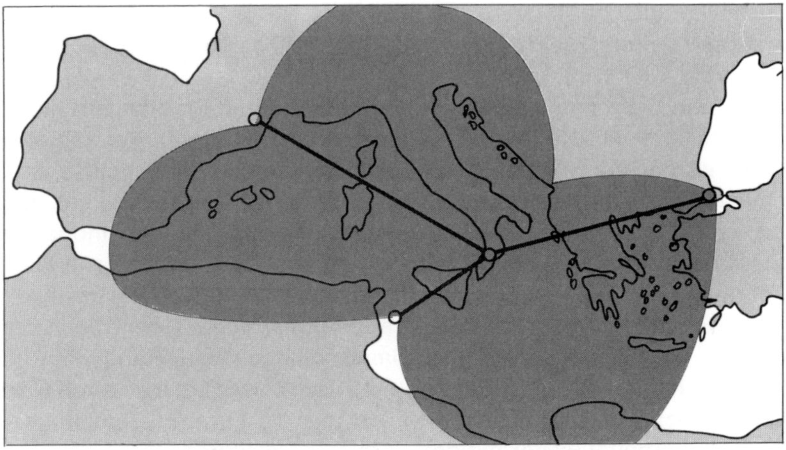

Die Zeichnung zeigt die Loran-C-Bedeckung im Mittelmeer. Mit nur einem Haupt- und drei Nebensendern wird der gesamte Bereich abgedeckt.

Darüber hinaus muß aber auch eine eindeutige Zuordnung jeder Standlinie innerhalb der Hyperbelscharen möglich sein. Die Bestimmung ihres Abstands zum Haupt- oder Nebensender wird durch Steuerung auf der Senderseite möglich. Von der Centerlinie ausgehend entstehen links und rechts zum Haupt- beziehungsweise Nebensender hin Hyperbelscharen gleicher Laufzeit-Differenz.
Wird die Impulsgruppe des Nebensenders um eine bestimmte Zeit verzögert abgestrahlt, dann ist an jedem Empfangsort sichergestellt, daß zuerst das Signal des Hauptsenders und erst dann das des Nebensenders empfangen wird. In der Praxis setzt der Nebensender seine Impulsgruppe erst 15 000 Mikrosekunden nach dem Hauptsender ab. Zu der Laufzeit-Differenzmessung mißt man im Loran-C-Verfahren zusätzlich die Phasendifferenz, das heißt, der Empfänger vergleicht die Perioden der 100-kHz-Trägerwelle; das ergibt eine nochmalige Erhöhung der Genauigkeit. Für eine Positionsbestimmung sind mindestens zwei Standlinien nötig, die sich nicht unter 30 Grad schneiden

sollen (möglichst 90 Grad). Der Schnittpunkt ergibt die Position zu den Sendern und, übertragen in die Seekarte, den Standort des Empfängers.
Das Loran-C-System erfordert in den Sendern und Empfängern komplizierte Technik. Die Bedienung eines modernen Loran-Empfängers indes ist denkbar einfach. Ohne den obligatorischen Leuchtschirm einer Katodenstrahlröhre (zur Identifizierung von Loran-Signalen), der bis vor kurzem noch Loran-Geräten eigen war, arbeiten moderne Empfänger vollautomatisch. Nach Eingeben der entsprechenden Loran-Senderkette wird die Standlinien-Nummer je nach Signalstärke nach wenigen Minuten fortlaufend angezeigt. Andere Geräte besitzen einen integrierten Rechner, der Umwandlungen von Standlinien in Koordinaten auf Knopfdruck vornimmt. Damit benötigt man auch hier keine speziellen Loran-C-Karten mehr, die die Loran-Hyperbeln zeigen. Man arbeitet weiter mit den normalen Seekarten.
Dank der Impuls-Aussendungen der Loran-C-Sender sind Dämmerungs- und Landeffekt kein so großes Thema mehr. Impulse und komplizierte verarbeitete Elektronik ergeben exakte Messungen und damit sehr genaue Standorte ohne die Fehler, die Loran A noch hatte, Funkpeiler und Decca heute noch haben.

Decca

Decca-Navigationssysteme haben in den letzten Jahren eine besonders große Verbreitung erfahren. Kompakte Bauweise und geringer Stromverbrauch haben sie auch auf 7-Meter-Yachten zum ersten elektronischen Navigationsgerät in Nord- und Ostsee werden lassen. Seit die Firma Philips mit ihrem AP-Navigator den Yachtmarkt erobert hat, werden in Yachtkreisen auch alle anderen Navigatoren, die mit dem Decca-System arbeiten, fälschlicherweise mit AP-Navigator bezeichnet.
Das Decca-Hyperbelnavigationssystem deckt die nordeuropäischen Seegebiete nahezu vollständig ab. Ähnlich wie beim Loran C wird hier

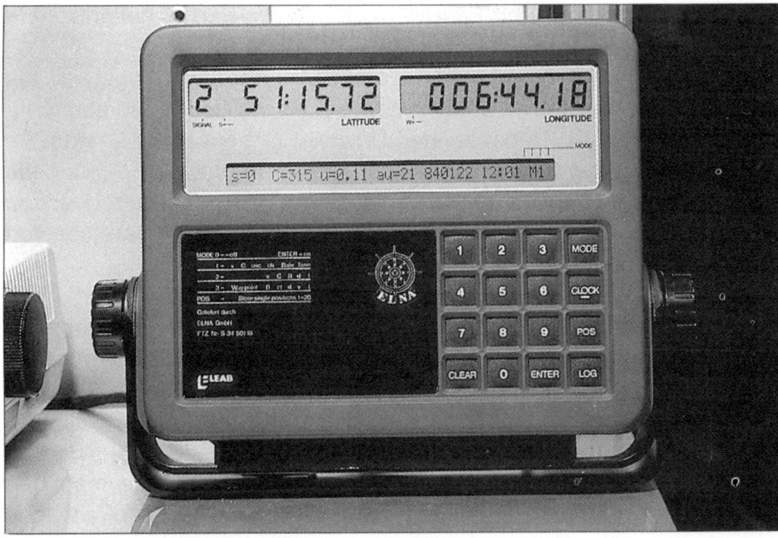

Decca-Navigatoren sind klein in ihrem Stromverbrauch und in ihren Abmessungen. Dieses Gerät zeigt Länge und Breite gleichzeitig und gibt Zusatzinformationen wie Geschwindigkeit und dergleichen auf einem dritten Display an.

die Phasendifferenz der von einem Senderpaar gleichzeitig abgestrahlten Funkwellen gemessen. Die Differenz entspricht dem Wegunterschied zu den beiden Sendern. Alle Empfänger einer konstanten Phasendifferenz liegen auf Hyperbeln, deren Brennpunkte die Decca-Sender sind. Moderne Decca-Navigatoren geben den Standort dennoch in Länge und Breite an. Spezielle Decca-gerasterte Karten sind damit unnötig geworden, wenngleich sie von Fischern wegen ihrer größeren Genauigkeit immer noch benutzt werden (ihre Geräte zeigen dementsprechend die Hyperbel-Standorte).

Eine Decca-Kette besteht (auch wenn es durch die jetzigen Geräte, die alle Standortberechnungen mit ihren Interpolationen automatisch vornehmen, nicht mehr so deutlich wird) aus Leitsendern und drei

Nebensendern, die durch Farben in den Decca-Karten gekennzeichnet sind.
Während hier die Hyperbeln in Zonen und Streifen eingeteilt, mit Buchstaben und Ziffern benannt sind, sehen die Sender so aus: Leitsender: schwarz 6f; Nebensender 1: rot 8f; Nebensender 2: grün 9f; Nebensender 3: violett 5f. Dabei ist die Frequenz der Sender ein festgesetztes Vielfaches der Grundfrequenz f. Die Grundfrequenzen liegen zwischen 14 und 17 Kilohertz, so daß sich Decca-Bereiche von 70,223 bis genau 128,50 Kilohertz ergeben.
Moderne Decca-Geräte sind Funkempfänger mit Rechnern, die alle Routine-Berechnungen automatisch vornehmen. Außer die genauen Koordinaten eines Standortes anzugeben, zeigen die Geräte die wahre Geschwindigkeit und den wahren Kurs an, man kann ihnen Wegpunkte eingeben, zu denen nacheinander automatisch ständig Kurs und Entfernung angezeigt werden. Ein Alarm signalisiert, wenn ein Punkt erreicht ist oder eine Meile davor – ganz wie man den Rechner programmiert hat. Wegpunkte lassen sich als Ankerwache beim Driften des Bootes benutzen oder für ein Mann-über-Bord-Manöver durch Abfahren der Gegenroute.
Nur eines können Decca-Navigatoren nicht, den ersten Standort ohne fremde Hilfe errechnen. Hierzu muß man ihnen Länge und Breite bis zu 5 Seemeilen genau manuell eingeben. Ein wenig „Hand-Navigation“ darf an Bord also auch mit dem Hyperbel-Navigator nicht fehlen. Schon ein zeitweiliger Ausfall der Stromversorgung kann Probleme bringen.

Satelliten-Navigator

Navigation nach den Sternen wurde im Altertum schon betrieben und inzwischen ist auch das Navigieren nach künstlichen Sternen so neu nicht mehr. Für militärische Zwecke entwickelt, wurde das Satelliten-Navigations-System Anfang der 70er Jahre auch für die zivile Nutzung freigegeben. Mit moderner Elektronik sind diese Systeme (NNSS

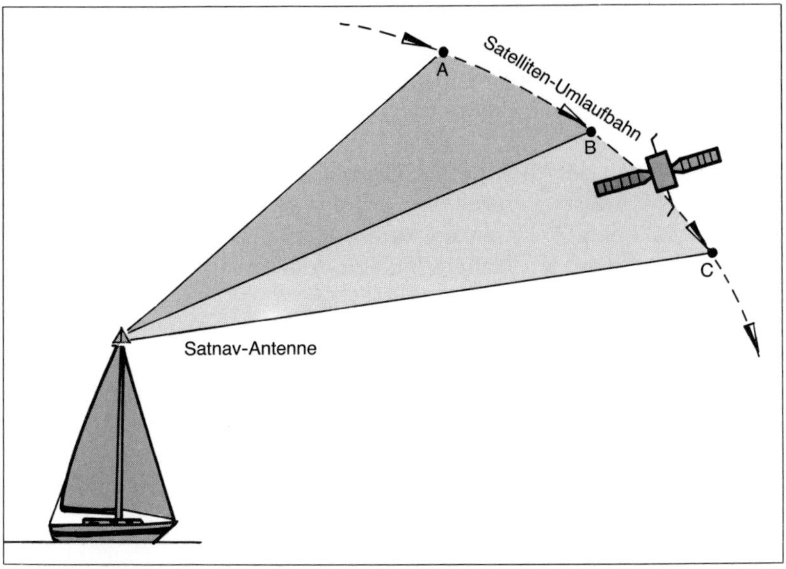

Das Transit-System arbeitet mit fiktiven Senderpaaren, die sich aus der Standortveränderung des Satelliten auf seiner Umlaufbahn ergeben. Jeder Satellit wird mehrmals gemessen.

genannt nach der genauen Bezeichnung Navy Navigation Satellite System, früher „Transit“) auch an Bord von Yachten gekommen.
Ihr Arbeitsprinzip: Mehrere Satelliten umkreisen die Erde in einer Höhe von zirka 1000 Kilometern in Bahnen, die über die Pole verlaufen. Jeder Satellit sendet in Abständen von zwei Minuten auf zwei Frequenzen (400 und 150 MHz) Positionsdaten und ein Zeitsignal aus. Der Meßvorgang im an Bord befindlichen Empfänger, der diese Daten verarbeitet, dauert 16 Minuten. Er setzt sich damit aus acht Zwei-Minuten-Intervallen zusammen, von denen drei Intervalle erforderlich sind.
Bei der Messung der Entfernungsdifferenzen (die Satelliten verändern ihren Standort laufend) nutzt man den aus der Physik bekannten

Doppler-Effekt: wie bei einer vorbeiwandernden Schallquelle die Tonhöhe, ändert sich auch die Frequenz der elektromagnetischen Welle. Der Empfänger an Bord mißt damit sowohl die Positionsdaten des Satelliten, als auch die Frequenzverschiebung, und er verarbeitet sie zu einer Position.
Die Genauigkeit der Yachtgeräte, die der Einfachheit halber nur eine Frequenz (400 MHz) verarbeiten, beträgt zirka 500 Meter. Teurere Geräte, die beide Frequenzen verarbeiten und dadurch den Brechungsfehler in der Ionosphäre mit einbeziehen, bringen eine Genauigkeit von bis zu 200 Metern.
Dennoch hat die Satellitennavigation einen großen Nachteil: Da nicht immer ein Satellitensignal die Schiffsantenne erreicht, muß bis zum Aufgehen des nächsten Satelliten mitgekoppelt werden. Das dauert in der Regel ein bis zwei Stunden. Ein Landfall und ein Navigieren in Landnähe, insbesondere mit schnellen Booten bei unsichtigem Wet-

GPS-Systeme arbeiten bereits, jedoch vorerst mit sechs Satelliten, was eine genaue Standortbestimmung nur für wenige Stunden am Tag zuläßt. Das Foto zeigt einen GPS-Empfänger, der absolut wasserdicht ist.

ter, ausschließlich mit dem Satelliten-Navigator ist damit schon mal nicht möglich.
Wie lange Yachtskipper noch von NNSS profitieren können, ist ungewiß, denn die Amerikaner sind dabei, ein neues Navigationsverfahren zu erproben. Es nennt sich Navstar GPS, wobei die Buchstaben für Global Positioning System stehen. Vorgesehen sind nunmehr 18 Satelliten in etwa 2000 Kilometer Höhe, die alle zwölf Sekunden eine Standortbestimmung ermöglichen sollen. In den USA rechnet man damit, daß die zivile Nutzung ab 1991 möglich sein wird.

Radar

Radaranlagen, das sind jene Navigationsgeräte, von denen Eigner kleiner Yachten bislang nur träumten: Über den optischen Horizont hinaus zu schauen, auch bei unsichtigem Wetter oder bei Nacht, alle Schiffsbewegungen im Umkreis von 20 Seemeilen und mehr zu registrieren, Tonnen, Küsten und selbst Möwen auf dem Wasser zu erkennen – auf einem (mehr oder weniger abstrakten) Radarbild. Das war immer nur den Großen vorbehalten.
Mit Antennen, die auch auf kleinen Yachten nicht stören, und Stromaufnahmen, die die Leistung eines entsprechenden Bordnetzes nicht überfordern, ist Radar auch auf Mini-Yachten möglich.
Radargeräte senden in schneller Folge extrem kurze Impulse elektromagnetischer Energie aus, empfangen deren Echos und machen daraus ein Radarbild. In der Schiffahrt benutzt man sogenannte Rundsichtanlagen. Das sind Radars, deren Drehantennen nacheinander einen horizontalen Winkel von 360 Grad bestreichen.
Die von der Antenne abgestrahlte Energie hat die Form einer Keule, man spricht von der Radarkeule, die bei Yachtradars eine horizontale Bündelung von zirka drei Grad besitzt und eine vertikale von ungefähr 25 Grad. Aus der Zeit des Hin- und Rücklaufs des Pulses von beziehungsweise zur Antenne errechnet das Gerät den Abstand des georteten Zieles zur Antenne, die Hälfte der von der Radarwelle zurückgeleg-

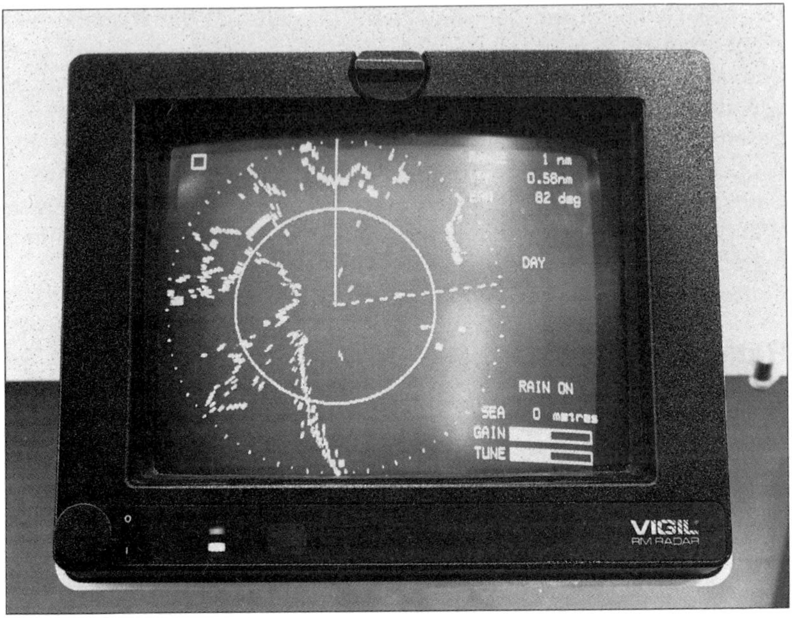

Yacht-Radargeräte besitzen elektronisch aufbereitete Radarschirme, die einem Fernsehbild gleichen. Sie sind damit auch bei Tageslicht gut abzulesen.

ten Distanz nämlich, denn die Ausbreitungsgeschwindigkeit ist konstant (300 000 km/s oder 162 000 sm/s). Die Richtung eines Kontaktes ergibt sich als wahre Seitenpeilung.

In den Sendeimpulsen, die durchweg zwischen 0,08 und 0,6 Mikrosekunden liegen, wird die Energie zu großer Leistung (bis zu fünf Kilowatt bei Yacht-Radargeräten) konzentriert. Der Rhythmus, in dem ausgestrahlt wird, liegt bei 1000 Impulsen pro Sekunde (Impulsfrequenz). Die Impulsfolge ist aber noch so „langsam", daß Echos sofort wieder aufgefangen werden können. Die Frequenz, mit der Yacht-Radargeräte arbeiten, liegt in einem Bereich um 9400 Megahertz, was einer kurzen Wellenlänge von drei Zentimetern entspricht.

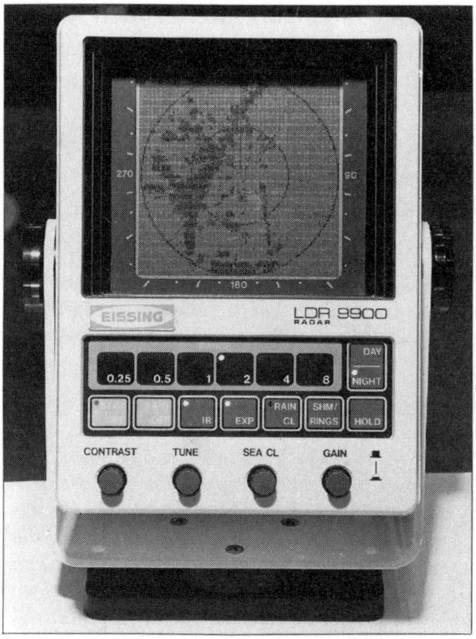

Radargeräte bekommt man schon in der Größe eines Video-Echolotes. Die Anzeige erfolgt hier nicht mehr auf einer Katodenstrahl-Röhre, ein feingerastertes LCD-Display hat deren Funktion übernommen. Auch die Radarantennen benötigen nicht mehr die große Spannweite der üblichen Schlitzantennen. Kleine elektronische Antennen machen ebenfalls eine gute Auflösung möglich.

Es gilt, je kürzer die Wellenlänge, desto kleinere Ziele werden entdeckt, allerdings auch Regentropfen, was eine Regenenttrübung nötig macht. Sender und Empfänger sind bei Yachtgeräten dicht unter der Antenne im Antennenradom angeordnet. Der sonst lange Hohlleiter, der für den Transport der Radarwellen nötig ist, entfällt damit. Seine aufgenommenen Ziele wertet ein Radargerät in seinem Katodenstrahlrohr aus, wo ein Katodenstrahl synchron mit der Antenne dreht. Eine elektronische Zeitbasis steuert die Auslenkung, so daß der Strahl ständig und mit konstanter Geschwindigkeit von der Mitte nach außen gelenkt wird und dunkelgeschaltet wieder zur Mitte kommt.
Echos schreibt der Strahl als helle Punkte, woraus sich bei einem Umlauf (wegen des Nachleuchtens der fluoreszierenden Schicht des Bildschirms) das Radarbild ergibt. Die Zeit, die der Elektronenstrahl von der Bildmitte bis zu einem Kontakt benötigt, entspricht der Zeit,

die der Impuls von der Antenne bis zu einem entsprechenden Radarziel und zurück braucht. Ins Radarbild lassen sich Entfernungsmeßringe hineinprojizieren, oft auch ein Peilstrahl, mit dem Ziele angepeilt werden können.

Eine andere Möglichkeit der Darstellung eines Radarbildes ist die digitale Aufbereitung der empfangenen Signale auf einem „Farbfernsehschirm“, der auch tageslichttauglich ist. Auf einem solchen Bild

Nach wie vor ist die Anbringung einer Radarantenne größtes Problem an Bord einer Yacht. Diese sitzt oberhalb der ersten Saling. Die „Montage“ des Radarreflektors darunter ist indes nicht optimal.

Kleinradars stehen ihren großen Brüdern in nichts nach, was ihre elektronischen Raffinessen angeht. Dieses Gerät besitzt Entfernungsringe, die eingeblendet eine Entfernung auch digital anzeigen. Dazu ist es mit einer herausnehmbaren Fernbedienung ausgerüstet.

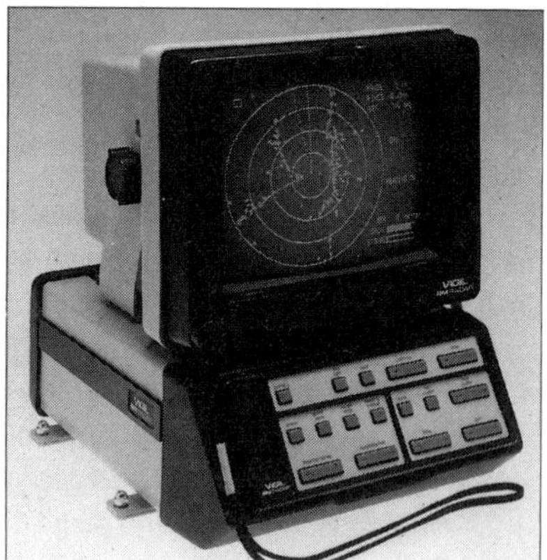

erscheinen alle Kontakte gleich hell aus Strichen zusammengesetzt.
Die Auflösung, also die Güte eines Radarbildes, ist abhängig von der Spannweite der Antenne. Je länger die Antenne, desto besser die Bündelung der ausgesandten Radarwellen und um so „feinkörniger“ das Radarbild. Das gilt für die azimutale Auflösung (Abstand zweier Ziele voneinander). Für die radiale Entfernung steht die Pulslänge; je kürzer sie ist, desto besser das Bild.
Die Reichweite einer Radar-Anlage ist nach der Formel $d = 2{,}2\,(\sqrt{H + h})$ (d in sm, H und h in m) durch die Höhe von Antenne und Ziel bestimmt, die Angabe im Prospekt (effektive Reichweite) ergibt sich aus der Sende-Spitzenleistung (je höher, desto besser) und aus dem Antennengewinn (je höher, desto besser).
Als dritten Faktor für ein gutes Radar muß man die Anzeige beziehungsweise den Kontrast eines Radarbildes sehen. Hier unterscheiden sich die Anzeigegeräte, indem einige mit einem Katodenstrahlrohr arbeiten, andere videoaufbereitet werden, was einer dem Fernsehbild ähnlichen Anzeige gleichkommt.
Kriterium für den Kontrast ist die Impuls-Wiederholungsfrequenz. Je höher sie ist, desto besser wird die Anzeige. Sie wird bestimmt durch die analoge Zeitbasis; die wiederum ist besonders wichtig für den Nahbereich. Weniger kritisch ist sie bei der Video-Aufbereitung eines Bildes, da man hier digital alle unter einem bestimmten Schwellenwert liegenden Signale unterdrückt und alle darüber liegenden verstärkt.

Navigations-Computer

Grundsatz jeder Navigation ist, alle möglichen zu bekommenden Parameter in die Standortbestimmung mit einzubeziehen, sich also nicht nur auf den Koppelort und nicht nur auf die Koordinaten des Hyperbel-Navigators zu verlassen, sondern eben womöglich auch Tiefenmessungen oder gar die Geräusche sich brechender Wellen (Brandung) zu berücksichtigen.

Integrierte Navigation nennt man das und „integriert" fährt die Berufsschiffahrt immer schon zur See. Auf den ersten Blick zu erkennen und geradezu zum Anfassen ist ein integriertes Navigationsgerät, das in einem Gehäuse zwei unterschiedliche Systeme birgt: Omega-Satelliten-Navigator. Hier hat man zwei Systeme zusammengetan, die, jedes für sich, nur unzulänglich arbeiten: Der Satellitennavigator bekommt nicht bei jedem Durchgang einen Fix, das Omegagerät verliert bei Stromausfall die Orientierung und macht Sprünge an manchen Stellen der Ozeane. „Integriert" aber ergeben sie ein zuverlässiges System.

Inzwischen ist der Mikrocomputer adäquates System (auch an Bord von Yachten) Navigationsgeräte zu integrieren. Er ist hier die elektronische Einheit, der kontinuierlich Fahr-, Betriebs- und Navigationsdaten zugeführt werden. Über eine Tastatur erfolgen Programmierung und Abruf der gewünschten Information.

Sogenannte Personal-Computer und inzwischen auch speziell für den Bordgebrauch (hinsichtlich Resistenz gegen Feuchtigkeit und Bordspannung) modifizierte Geräte sind für solche Aufgaben prädestiniert. Nicht nur alle terrestrischen Aufgaben rechnet er in Windeseile, nachdem man ihm Peilungen über sein Tastenfeld eingegeben hat, auf einem angeschlossenen Monitor oder geeigneten LCD-Display zeigt er sie auch grafisch und macht damit womöglich auch Karteneintragungen überflüssig.

Zum echten integrierten System gerät er aber erst, wenn man ihm gemessene Parameter direkt zuführt. Über geeignete Schnittstellen (viele elektronische Bord-Meßsysteme besitzen beispielsweise fest eingebaute RS-232-Schnittstellen) läßt sich so ziemlich alles anschließen, was an Bord an Navigationsgeräten vorhanden ist: Speedometer, Windmeßsysteme, Decca oder Loran C sind nur einige. Man besitzt damit ein Navigations-System, das mit immer neuen Geräten beliebig zu erweitern ist.

Navigations-Computer, das sind aber auch programmierbare Taschenrechner, denen man durch geeignete Programmierung zusätzlicher Module Navigationsaufgaben beigebracht hat. Ein gutes

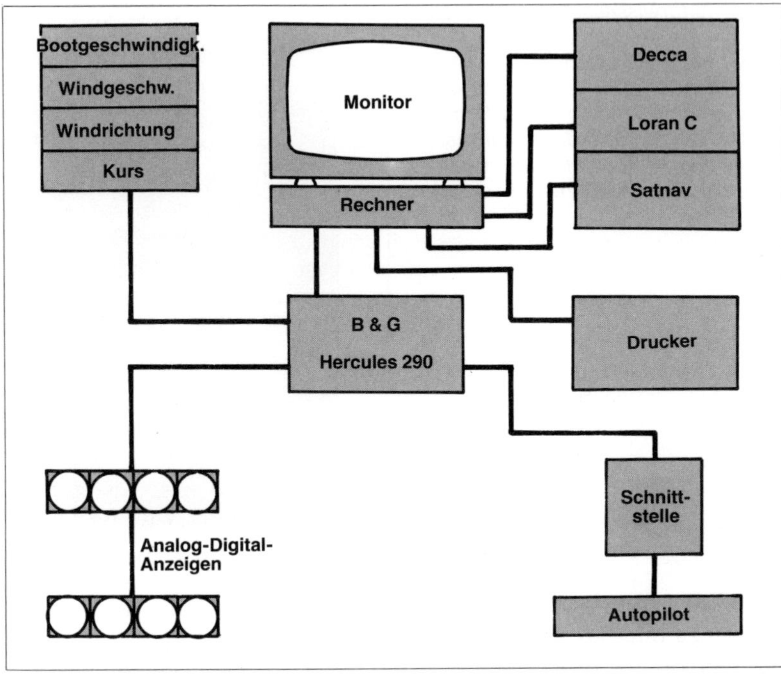

So kann das Navigationssystem einer gut ausgerüsteten Segelyacht aussehen: Die Parameter aller Geräte gehen über geeignete Schnittstellen auf einen Rechner, der sie miteinander vergleicht, verknüpft und auf seinem Monitor als Leistungsparameter anzeigt. Er kann auch einen Autopiloten ansteuern: Das Schiff wird dann automatisch auf einem vorgegebenen Kurs gehalten, wobei auch unterschiedliche Wegpunkte automatisch angelaufen werden. Ein angeschlossener Drucker führt das Bordtagebuch.

Beispiel ist da das Schenk-Modul, das der bekannte Weltumsegler Bobby Schenk für den Hewlett-Packard-Rechner HP-41 konzipiert hat. Terrestrische und hauptsächlich astronomische Navigationsaufgaben sind mit solchen Yacht-Navigations-Computern hervorragend zu

Jeder naturwissenschaftliche Rechner ist eine große (elektronische) Hilfe bei der Navigation. Dieser ist mit zusätzlichen Modulen zu erweitern, wie zum Beispiel dem Bobby Schenk-Modul, das ganz besonders die astronomische Navigation auch für den Sportskipper kinderleicht werden läßt.

lösen, mit dem großen Vorteil, keine Handbücher und Tafeln mehr wälzen zu müssen.
Für alle, die bei grober See ohnehin lieber aus dem Cockpit navigieren, sind Taschen-Computer geradezu ideal als elektronisches Notizbuch und Navigationsrechner. In einer passenden wasserdicht verschlossenen Plastikhülle sind sie sogar seefest. Allerdings kann der HP-41 nicht in BASIC programmiert werden. Der potentielle Nachfolger ist der HP 71, der sogar über eine spezielle Schnittstelle von Hewlett-Packard mit Großrechnern kommunizieren und daher auch an eine praktisch unbegrenzte Zahl von Peripherie-Geräten angeschlossen werden kann.
Für die Arbeit an Bord sind kleine Computer dieser Art besonders gut geeignet, da sie alle Probleme lösen können, die es im Bereich der Navigation gibt. Natürlich geht die Entwicklung dieser kleinen Riesen rasant weiter, ein Ende ist nicht abzusehen.

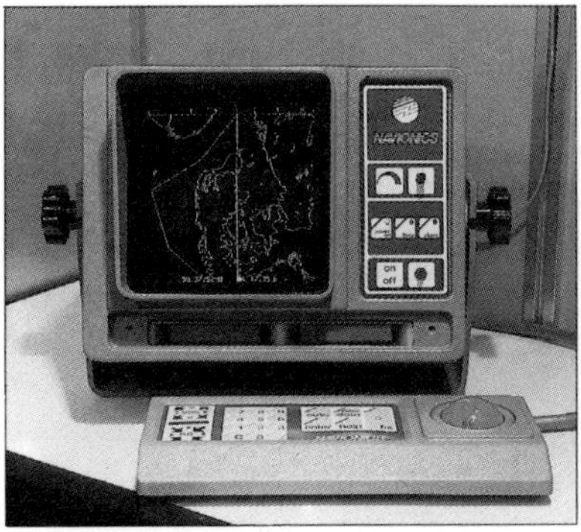

Seekarten-Sichtgeräte halten Seekarten gespeichert vorrätig. Mit angeschlossener Peripherie geraten sie zu automatischen Plottern.

Natürlich kann man ihnen auch sonstige Navigationsdaten abrufen, wie auf dem Bildschirm dieses Seekarten-Plotters zu sehen.

Seekarten-Sichtgerät

In die Kategorie Navigations-Computer fällt womöglich auch ein Gerät, das Seekarten an Bord elektronisch vorrätig hält. Gespeichert auf Bandcassetten oder einsteckbaren PROMs, jenen programmierbaren Festspeichern, die man selbst programmieren kann, beanspruchen sie nur wenig Raum. Auf einen Farbmonitor gebracht, lassen sich bestimmte Kartenausschnitte herstellen und sonstige Spielereien realisieren.
Gerade für Yachten, wo in der Regel unter Deck wenig Platz ist, eine Karte auszubreiten, scheinen elektronische Karten ideal. Kurse absetzen und einzeichnen erfolgt dann ebenfalls elektronisch über ein Tastenfeld. Mit Hilfe von Peripherie-Geräten wie Kompaß und Decca, Loran C oder Satelliten-Navigator entfällt dann auch das Koppeln. Ein Radargerät ist anschließbar.
Das Seekartensichtgerät zeigt kontinuierlich den jeweiligen Standort

an. Mit einem sogenannten Cursor, den man elektronisch als Bildpunkt auf alle möglichen Ziele einstellen kann, ist deren Standortbestimmung möglich.
Ein Gerät also, das kaum noch Wünsche offen läßt: Sieben verschiedene Farben beispielsweise kann man auf dem Monitor einsetzen für Kurse, Wegpunkte, Küstenlinien etc. Dazu gibt es Alarme für Anker, Kurs und Annäherung eines Zieles.

Kommunikation

„Die Funkentelegraphie hat dem Kapitän der ‚Titanic' durch ihre Warnungen vor Treibeis äußerst wichtige Nachrichten für die Navigierung des Schiffes zugetragen; die schweren Folgen der Nichtberücksichtigung der Meldungen ändern nichts an deren ursprünglichem Wert." Dieses Zitat aus dem 1913 erschienenen Band über „Die Funkentele-

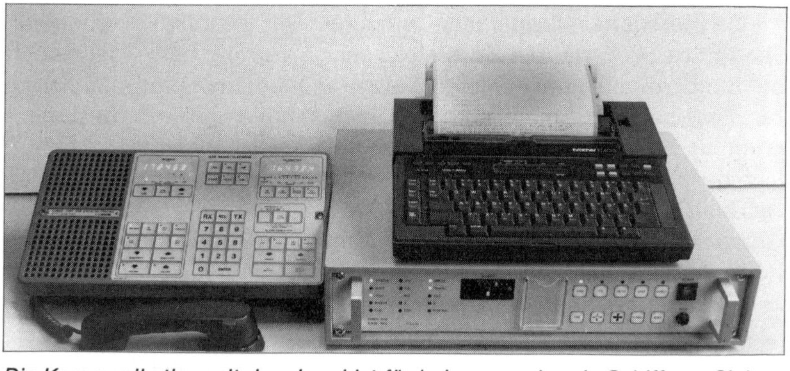

Die Kommunikation mit dem Land ist für jedes seegehende Schiff aus Sicherheitsgründen wichtig. Dieser SSB-Funkterminal ist mit automatischem Sender ausgerüstet und neben dem Sprechfunk auch für Telexverkehr geeignet.

graphie" zeigt, welchen Stellenwert man schon damals der drahtlosen Nachrichten-Übermittlung beimaß.
Sportboote sind nicht „funkausrüstungspflichtig", dennoch läßt sich mit Elektronik unter Deck die Sicherheit auf See beträchtlich erhöhen. Seefunkgeräte und Funktelefone sind Kommunikationsmittel, die heute durch die weite Verbreitung solcher Geräte für jeden Yachteigner ebenso erschwinglich wie effektiv geworden sind.
Will man von Bord seiner Yacht sprechen und nicht nur hören, dann benötigt man ein Seefunktelefon. Für Yachten, die nur kurzzeitig über See gehen und meist vor der Küste operieren, ist die optimale Seefunkstelle die UKW-Funkanlage. Je nach Höhe der Antenne besitzt sie eine Reichweite von bis zu 50 Seemeilen, was ausreicht, mit den Küsten-Funkstellen zu verkehren. Eine Ergänzung mit einer Grenzwellen-Funkstelle wäre allenfalls für Transatlantik-Segler sinnvoll, ist aber dennoch für Yachten mit ausreichender Stromversorgung eine gute Möglichkeit, auch weltweit zu kommunizieren.
Funksprechen ist immer noch relativ kompliziert. Man benötigt ein von der Post abgenommenes Gerät, ein Sprechfunkzeugnis und die nötige Funkdisziplin. Mit ihrem NMT-Telefon haben die Skandinavier es da einfacher. Sie können von Bord wie mit einem Landtelefon fernsprechen. Leider ist dieses System in Deutschland nicht zugelassen. Doch soll man deswegen an Bord auf den CB-Funk zurückgreifen?

UKW-Radiotelefon

Im Sinne der Funksicherheitsverordnung sind Yachten (soweit sie 300 BRT nicht überschreiten) nicht funkausrüstungspflichtig. Der Ruf der Deutschen Gesellschaft zur Rettung Schiffbrüchiger (DGzRS) nach UKW an Bord möglichst jeder seegehenden Yacht resultiert aus den Erfahrungen mehrerer tausend Einsätze: Nur ein verschwindend kleiner Teil war wegen einer echten Notsituation nötig, ein Umstand, der mit UKW-Telefon hätte geklärt werden können und eine differenzierte Hilfeleistung zugelassen hätte.

Eine zweckmäßige Funkausrüstung von Yachten, die den unmittelbaren Küstenbereich verlassen, sollte allein aus diesen Gründen an Bord sein, und dies um so mehr, als die DGzRS sich darauf einstellt und alle Seenotkreuzer mit UKW-Seefunkpeilern ausgerüstet hat, die ein schnelles Auffinden von Havaristen mit UKW-Radiotelefon möglich machen, wenn diese ihren Sender tasten. Allerdings steht vor dem Betreiben einer Seefunkstelle der Erwerb des Allgemeinen Sprechfunkzeugnisses für den Seefunk, wenn auch seit dem 1. März 1980 in vereinfachter Form „für den UKW-Funk auf Yachten".
Für den Seefunkdienst auf Ultrakurzwellen (UKW) sind 57 Kanäle (Sprechwege) verfügbar in einem Frequenzbereich von 156 bis 174 Megahertz. Sie wurden mit den laufenden Nummern von 1 bis 28 und von 60 bis 88 bezeichnet, wobei Kanal 16 (die Frequenz 156,8 MHz) dem Not-, Sicherheits- und Anrufsprechweg vorbehalten ist. Er wird begrenzt von zwei Sperrkanälen, so daß insgesamt 55 Kanäle von Seefunkern benutzt werden können. Diese Anzahl von Frequenzen sollten auch UKW-Yacht-Seefunkgeräte besitzen.
1967 ist der Frequenzabstand von 50 auf 25 Kilohertz verringert worden, um dem akuten Frequenzmangel abzuhelfen.
Die überbrückbaren Entfernungen mit UKW sind, da sich Ultrakurzwellen quasi optisch ähnlich wie das Licht verhalten, in erster Linie von der Antennenhöhe abhängig, so daß sie in der Regel von Schiff zu Schiff zirka 20 Seemeilen und beim Verkehr zwischen Schiff und Land 30 bis 50 Seemeilen betragen. Die Sendeleistung spielt da eine untergeordnete Rolle. Dennoch sind Überreichweiten durch Hochdruck-Wetterlagen möglich (aber unerwünscht).
Yachten sollten fest installierte (und zugelassene) UKW-Sende- und Empfangsanlagen besitzen. Es sind indes auch mobile Geräte, sogenannte Walkie-Talkies, für den Seefunkbereich auf dem Markt, die jedoch, auch wenn sie eine FTZ-Nummer besitzen, nur in Verbindung mit einer (festen) Seefunkstelle zugelassen werden.
Ein UKW-Gerät mit 57 Kanälen bietet dem Skipper alle Möglichkeiten, die im In- und Ausland angebotenen UKW-Dienste wahrzunehmen, zum Beispiel den Not- und Sicherheitsdienst, der auf Kanal 16 abge-

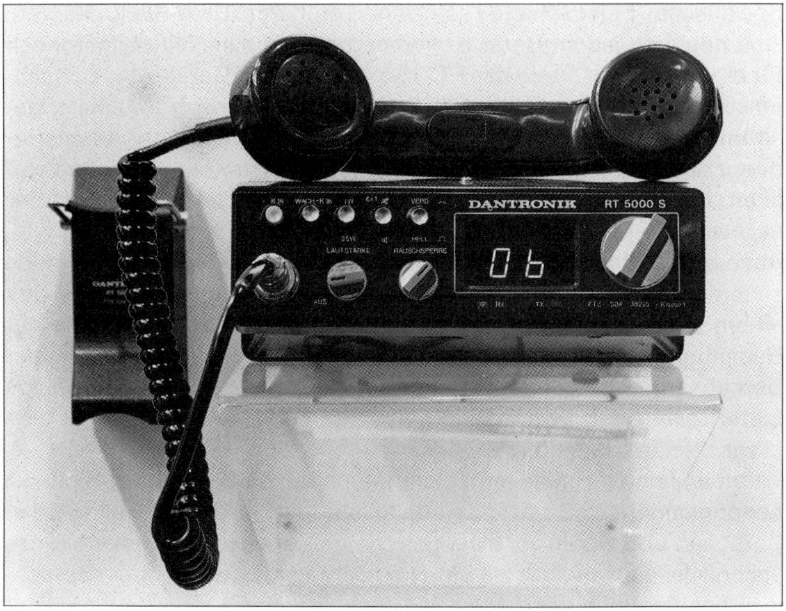

UKW-Radiotelefone sind nicht größer als ein Autoradio, trotzdem verfügen sie über 57 Sprechwege in einem Frequenzbereich von 156 bis 174 Megahertz. Yachten sprechen untereinander auf Kanal 69 und 72.

wickelt wird. Diesen Sprechweg hören alle See- und Küstenfunkstellen ab. Über den Schiff/Schiff-Sprechverkehr kann der Skipper mit seinen Club-Kollegen reden und auch Schiffe der Berufsschiffahrt anrufen.

Gespräche und Telegramme, die über eine Landstation laufen, werden bei der Bundespost unter öffentlichem Verkehr abgehandelt, wogegen unter nichtöffentlichem Verkehr beispielsweise Schleusendienste und Radarberatung zu verstehen sind. Darüber hinaus sind inzwischen Sprechwege für Yachten untereinander zugeteilt worden, wie Kanal 72 und 69.

Spezifische Eigenschaften einzelner früherer UKW-Seefunkgeräte sind heute an jedem Gerät zu finden. Sie sind zum Teil obligatorisch für eine Abnahme durch das FTZ. So besitzen alle Geräte eine Schnellumschaltung auf den Not- und Sicherheitssprechweg 16, eine sogenannte Zwei-Kanal-Überwachung, die es erlaubt, auf einer Arbeitsfrequenz auf Empfang zu sein und gleichzeitig auch Kanal 16 zu überwachen. Ebenso ist eine Leistungsreduzierung vorhanden, die von der normalen 25-Watt-Ausgangsleistung auf ein Watt umschaltet.
Auch die Technik der Geräte ist ähnlich. Quarze werden nur noch selten verwendet. Das digitale Frequenzaufbereitungsverfahren mit einem sogenannten Synthesizer benutzen fast alle. Lediglich in der Bedienung der Geräte gibt es Unterschiede; und ebenfalls in der Betriebsart, wobei ‚Betriebsart‘ für den Komfort steht, den eine Anlage bietet. Zwei Arten sind möglich, Simplex und Duplex, und noch eine „Zwischenart“: Semiduplex.
Will man wie zu Hause am Telefon auch an Bord „Gegensprechen“, benötigt man ein Gerät, das duplexfähig ist. In diesem Fall werden Sprechen und Hören auf zwei getrennten Kanälen abgewickelt. Diese Technik ist aufwendiger als Simplex. Bei Simplex wird nur ein Sprechweg benutzt; man kann daher lediglich gegensprechen (und muß mit der Sprechtaste im Handapparat arbeiten). Um das zu erleichtern, wurde Semiduplex erfunden, was bedeutet, die Seefunkstelle arbeitet im Wechselsprechbetrieb und die Küstenfunkstelle im Gegensprechbetrieb mit ihren ohnehin für Duplex eingerichteten Sende-Empfangsanlagen. Die Sprechtaste am Bordgerät muß jedoch weiter bedient werden.
Komfort, mit dem alle UKW-Seefunkgeräte nachgerüstet werden können, stellt der Selektivruf-Decoder dar. Mit diesem Zusatzgerät ist es möglich, auch an Bord Anrufe zu empfangen. Er wertet die zu diesem Zweck von der Küstenfunkstelle ausgesendeten fünf Frequenzen aus und zeigt meist akustisch und optisch bei Sammelanruf und bei direktem Anruf der Seefunkstelle an.

UKW-Handsprechfunkgeräte dürfen an Bord nur zusammen mit einer fest eingebauten Funkstelle betrieben werden. Trotz ihrer kurzen Antenne zeigen sie gute Leistungen.

Die Zeichnung zeigt die heute üblichen Betriebsarten Semiduplex und Duplex. Bei Semiduplex ist an Bord noch das Betätigen einer Taste im Handapparat nötig. Duplex-Betrieb bedeutet, Gegensprechen wie am Telefon zu Hause.

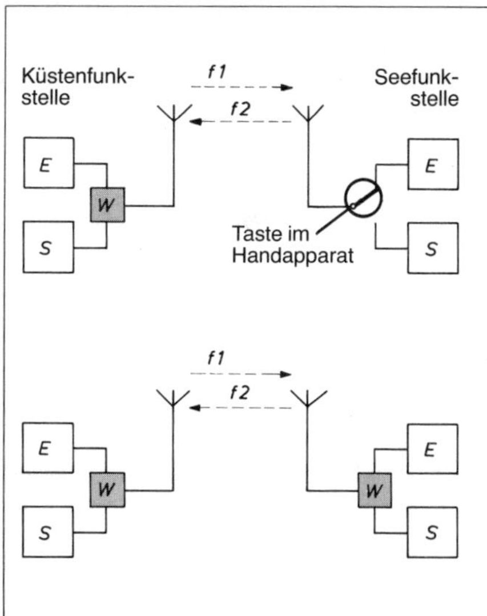

Grenz-Kurzwellen-Seefunk

Als Telefon für große Distanzen eignet sich UKW nicht. Ultrakurzwellen können der Erdkrümmung nicht folgen, reichen daher allenfalls bis zum optischen Horizont. Nur weil mancher Sendemast von Küstenfunkstellen recht hoch liegt, werden manchmal beträchtliche Reichweiten erzielt.

Wer solche Unzulänglichkeiten von UKW-Funk umgehen will, kann seine Yacht mit weitreichenderen Funkanlagen ausrüsten, mit einem Grenz-Kurzwellen-Gerät. Moderne Technik macht es möglich, denn früher waren Kurz- und Grenzwellensender voluminöse und stromfressende Apparate, die allein vom Platz her nur auf großen Yachten unterzubringen waren.

Heute gerät die Platzfrage selbst auf einem Halbtonner kaum mehr zum Hindernis, nur das Stromproblem ist geblieben. Dreißig Ampere und mehr werden gebraucht, um einen 400-Watt-Sender zu betreiben. Auch eine kräftige Batterie geht damit nach relativ kurzer Zeit in die Knie: Die Anschaffung eines größeren Akkus und die Montage einer zusätzlichen Lichtmaschine wird daher nötig. Auch muß man regelmäßig den Motor laufen lassen, damit die Batterie immer genügend voll ist.

Dafür erreicht man aber jeden noch so entfernten Empfänger: Grenzwellen (1605... 4000 kHz) nämlich werden durch die Erdatmosphäre gebeugt und breiten sich, je nach Frequenz, unterschiedlich aus. In dem Bereich, in dem sie an die Mittelwellen (300... 1605 kHz) stoßen, haben sie deren Ausbreitungseigenschaften. Das heißt, die Ausbreitung erfolgt am Tage durch Bodenwellen, nachts kommt ein Raumwellenanteil hinzu, so daß dann die Reichweite erheblich größer ist.

Im anderen Grenzbereich haben Grenzwellen die Eigenschaft, sich wie Kurzwellen (4000 kHz... 30 MHz) auszubreiten, also fast ausschließlich durch Raumwellen. Kurzwellen werden durch die Ionosphäre reflektiert, so daß sie durch Mehrfach-Spiegelungen um den gesamten Erdball gelangen können. Es entstehen aber sogenannte tote Zonen, wo kein Empfang möglich ist. Man muß deshalb das

Grenz-Kurzwellen-Seefunkgeräte bestehen aus einem Sender-Empfänger mit einem abgesetzten Antennenkoppler. Mit ihnen lassen sich bei geeigneter Wellenausbreitung Gespräche über sehr lange Distanzen führen.

günstigste Frequenzband wählen, um bestimmte Gebiete auf der Erde zu erreichen. Welche Frequenzen das sind, erfährt man aus den „Funkprognosen für Verbindungen mit Norddeich Radio", die regelmäßig den „Mitteilungen für Seefunkstellen" beiliegen.

Die Reichweite einer Seefunkstelle mit Grenzwellenanlage beträgt tagsüber mindestens 150 Seemeilen. Kiel Radio beispielsweise wäre damit aus dem Gebiet um Anholt beziehungsweise Südschweden erreichbar. Ein Problem allerdings ist die Antenne, denn eine gute Abstrahlungsleistung erreicht man erst, wenn die Länge der Sendeantenne mindestens einem Viertel der Wellenlänge (80... 186 Meter) entspricht (besser noch der Hälfte).

Das bedeutet, die Sendeantenne müßte 20–46 Meter lang sein, was auf gängigen Yachten nicht möglich ist. Man behilft sich daher mit Anten-

nen von 7 bis 20 Metern, die elektronisch auf die richtige „Länge" abgestimmt werden.
Auf Segelyachten wird man im allgemeinen Drähte des stehenden Guts als Antennen benutzen, während für Motoryachten Stabantennen von etwa acht Meter Länge zum Einsatz kommen.
Moderne Grenz-Kurzwellengeräte bestehen aus der Bedieneinheit für Sender und Empfänger, dem Sender und Antennenkoppler. Der Koppler wird in die Nähe des Sende-Antennenfußes installiert, denn vom Koppler zur Antenne beginnt die „heiße" Leitung beim Sender. Sendeenergie aber soll möglichst nur von der Antenne abgestrahlt werden, nicht schon von ihrer Zuleitung, die man deshalb so kurz wie möglich hält. Grenz-Kurzwellen-Geräte benötigen zudem eine gute Erdung: das Seeventil reicht nicht aus.
Yachttypische Stationen sind in der Regel durchstimmbar von der Grenzwelle (für den Sprechfunk bis zu maximal 400 sm) bis zur Kurzwelle (für alles, was über 200 sm entfernt liegt). Die erforderlichen Sprechwege sind selten noch bequarzt; allenfalls werden mehrere Quarze mit Synthesizern aufbereitet.
Die Ausgangsleistungen reichen von 25 Watt bis zu 400 Watt. Mehr Leistung ist nur auf Großyachten zu finden. Je höher die Ausgangsleistung, desto größer ist hier allerdings die Reichweite (anders als beim UKW-Seefunk). Sie hängt aber dennoch erheblich von den Wetterverhältnissen ab und davon, ob es Tag oder Nacht ist. Die Abstimmung einer GW-KW-Station bestimmt zudem ihre Leistungsfähigkeit in hohem Maße mit.

NMT-Telefon

Auf Booten deutscher Nationalität noch ohne Zulassung, in Skandinavien umso verbreiteter, ruft das NMT-Telefon-System immer wieder große Verblüffung bei deutschen Dänemark-Urlaubern hervor, besonders wenn sie auf ihr Seefunkgespräch nach Deutschland warten. Mit dem NMT-Telefon ist man sofort drin im Landnetz, eine Verbindung

Das NMT-Telefon ist mobil: Es läßt sich an Bord, im Auto und auch zu Hause verwenden.

nach Hamburg kein Problem – auch aus dem Fjordgewirr um Bergen nicht.

Mit Hilfe von automatisch arbeitenden Relaisstationen, die über die Flächen von Dänemark, Schweden, Norwegen und Finnland verteilt sind, arbeitet dieses Funktelefon hauptsächlich an Land. Im Prinzip ein UKW-Telefon (Frequenz 400 bis 470 MHz), erreicht man aus dem skandinavischen Küstengebiet theoretisch immer eine Relaisstation, praktisch reicht man aber bis über die gesamte Ostsee und westliche Nordsee.

Mit dem „Ansprechen“ eines solchen automatischen Relais mit dem NMT-System von Bord steht einem das gesamte internationale Landnetz für Gespräche offen. Dazu senden die Relais permanent Impulse, die vom NMT-Telefon registriert und selektiert werden. Die Bordanlage sucht sich damit immer die Relaisstation heraus, die klar und auf kürzestem Wege zu erreichen ist.

Tastet man am NMT-Gerät eine Nummer ein, dann empfängt die Relaisstation einen Schaltbefehl, der dann sofort ins Telefonnetz eingespeist wird. Vor jeder (ganz normalen) Telefonnummer mit Vorwahl muß man lediglich das Land wählen, über welches das Gespräch vermittelt werden soll: DK für Dänemark, S für Schweden etc. Soll von Land ein Schiff gerufen werden, wählt man einfach die Rufnummer des Schiffes, so einfach ist das – und alles ohne Sprechfunkzeugnis. Voraussetzung ist allerdings, daß die Bordanlage eingeschaltet ist. Auch die Schiff-Schiff-Kombination ist möglich, allerdings läuft auch hier jedes Gespräch über das nächstliegende Landrelais.
Abhörsicher soll das System übrigens auch sein, der Teil eines Gespräches, der durch den Äther geht, wird automatisch codiert. Die Abrechnung der Telefongebühren erfolgt über die skandinavische (meist dänische) Lieferfirma, bei der man das Telefon bezogen hat. Eine Computerliste gibt Aufschluß, mit wem man wie lange telefoniert hat. Auch Datum und Gebühren werden festgehalten.
Auf diese Weise bezahlt man nur die Gebühr, die man auch im normalen Telefongebührennetz zahlen müßte. Allerdings sind es für Teilnehmer aus Deutschland immer Ferngespräche.
NMT-Telefone arbeiten mit einer Betriebsspannung von 10,8 bis 15,6 Volt Yachtspannung also und nehmen auf Standby geschaltet 550 Milliampere auf. Bei voller Sendeleistung verbraten allerdings auch sie 5 Ampere. Dieses „Yachttelefon“ ist sehr mobil: Mit einer eigenen Stromversorgung arbeitet es im Auto ebenso wie im Ferienhaus. Wenn auch keine Hörwache wie bei den Seefunk-Systemen vorgesehen ist, im Notfall ruft man einfach den in der Nähe befindlichen Notdienst, der wie an Land alles weitere veranlassen wird.

Amateurfunk

Viele Langstreckensegler bevorzugen als Kommunikationsmittel den Kurzwellen-Amateurfunk. Als besonderen Vorteil bezeichnen sie die Preiswürdigkeit der Geräte. Mit einem Bruchteil der Kosten, die für

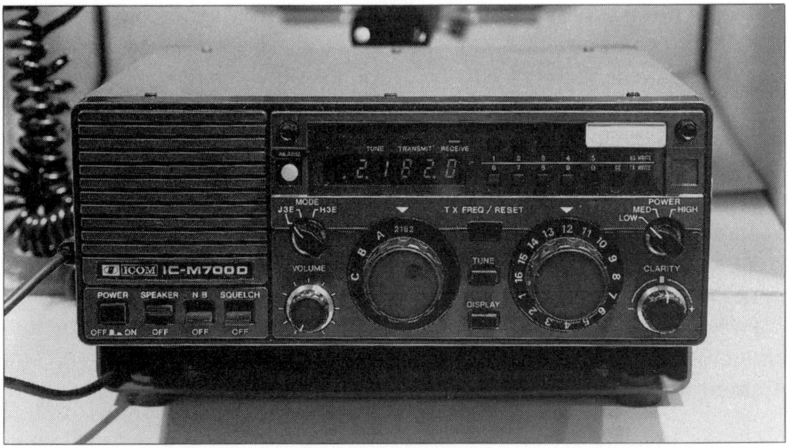

Amateurfunkgeräte sind im Seefunk nicht zugelassen. Ausnahmen bestätigen jedoch die Regel: Dieses modifizierte Gerät besitzt sogar die entsprechende FTZ-Nummer. Es baut sehr klein, sein automatischer Antennen-Tuner wird in die Nähe der Antenne installiert.

eine (reguläre) Kurzwellen-Seefunkanlage aufzuwenden sind, sind sie weltweit dabei.

Eine regelmäßige Nachrichten-Übermittlung, die vom Gesetzgeber her stark eingeschränkt ist (man darf nur fachsimpeln), setzt aber voraus, daß man zu Hause einen Ansprechpartner hat, der bereit ist, Angehörige und Freunde zu verständigen. Damit der Überwachungsdienst der Post nicht tätig wird, benutzen die Gesprächspartner Codewörter für bestimmte Nachrichten.

Eine Schaltung der Gespräche in das Telefon-Landnetz, wie es bei Gesprächen über Küstenfunkstellen gehandhabt wird, ist in der Regel nicht möglich. Weltumsegler haben allerdings einen internationalen „Gesprächskreis" gegründet, wo sie sich täglich zu bestimmten Zeiten „treffen", Wetternachrichten weitergeben und per Funk Ersatzteile besorgen. Dieser an sich illegale Kreis (Amateurfunk hat nach den Statuten auf dem Wasser nichts zu suchen) wird von der Post still-

schweigend geduldet und von den Mitgliedern der Vereinigung „Transocean" begrüßt.
Amateurfunk ist auch die einzige Möglichkeit (wenn die „UKW-Relais" angerufener Frachter nicht klappen) für eine Standort-Meldung. Dazu kommt, daß die Lizenz sehr viel schwieriger zu erwerben ist, als die für das Allgemeine Sprechfunkzeugnis für den Seefunk.
Mit guten Amateurgeräten kann man zwar auch Seefunkfrequenzen abstimmen, wie die Grenzwellen-Notfrequenz 2182 kHz, doch wird wohl keine Küstenfunkstelle bereit sein, ein Telefongespräch zu vermitteln, wenn man sein Amateurrufzeichen nennt. Wohl aber im Notfall. Hier wird jeder Funker, der bei einer Küstenfunkstelle oder auf einem Berufsschiff Dienst tut, alles Nötige in die Wege leiten, wenn ein Amateurfunker auf den Seenotfrequenzen um Hilfe ruft.

CB-Funk

Wieviele Hobbyfunker sich auf dem Citizen Band (CB) tummeln, weiß keiner genau und da liegt denn auch das Handikap dieses mit „Bürger-Welle" bezeichneten Systems. Auch wenn statt wie bisher 22 jetzt 40 Kanäle in Frequenz-Modulation (FM) zur Verfügung stehen, Chaos auf allen Kanälen ist fast immer angesagt; denn CB-funken, zumindest mobil, darf jeder ohne Lizenz und ohne Anmeldung.
Als die Post 1975 die ersten 12 Kanäle im 27 Megahertz-Bereich für Sprechfunkanlagen kleiner Leistung freigab, machte sie nur geringe Auflagen. So ist eine Genehmigung schon erteilt, wenn das (mobile) Gerät eine FTZ-Nummer hat. Von Funkdisziplin ist nichts gesagt und so sieht es dann auch auf den Kanälen aus. Daran kann die neue Cept-Norm wenig ändern, die mehr Kanäle und mehr Leistung vorsieht.
Für Yachten kann man CB-Funk nicht empfehlen. Einen Notruf gibt es nicht, eine Hörwache fehlt ebenso. Allerdings für eine Schiff-Schiff-Kommunikation ist dieses 11-Meter-Kurzwellenband geeignet.

Sicherheit

Ohne Elektronik ist unser modernes Rettungswesen heute nicht mehr vorstellbar. Die meisten Yachten sind zwar nicht wochenlang auf See und ohne Funk von der Umwelt abgeschnitten, jedoch macht es ein einziger Tag vor der Küste schon nötig, Informationen über eventuelle Wetteränderungen mit Hilfe des Wetterempfängers abzuhören.
Ein Grenzwellen-Empfänger ist also erforderlich. Wer bessere Informationen will, benutzt einen Wetterkartenschreiber oder empfängt das Wetter im Morse Code. Besonders im Mittelmeer bekommt man einen deutschsprachigen Wetterbericht in Punkten und Strichen: Radio Quickborn sendet, der Morsedecoder an Bord „übersetzt".
Blitzlampen über Deck und Radar-Reflektoren im Topp sorgen dafür, daß man Skippers Nußschale auf See auch sieht. Wird es einmal brenzlig, gibt ein elektronischer Signalgeber das internationale Notsignal „V" für „Hilfeersuchen" automatisch mit der Topplaterne. Mit dem UKW-Telefon bleibt dann immer noch eine Sicherheitsmeldung, etwa im Nebel, abzusetzen: „Sécurité; Sécurité, Sécurité – all ships are requested to keep sharp lookout and indicate".
Kommt es zum Schlimmsten, ist mit Hilfe der Bordelektronik der Ruf „Mayday" absetzbar, mit dem UKW-Telefon oder mit einem geeigneten Notsender.

Wetterempfänger

Wetterberichte für den Wassersport senden inzwischen auch die allgemeinen Rundfunkanstalten. Wer jedoch die Seewetterberichte der Küstenfunkstellen (nicht nur die der deutschen Norddeich-, Kiel- und Rügen-Radio) empfangen will, der benötigt einen speziellen Empfänger, einen einseitenbandfähigen.
Mit Einseitenband-Verfahren bezeichnet man eine Sendeart, die im

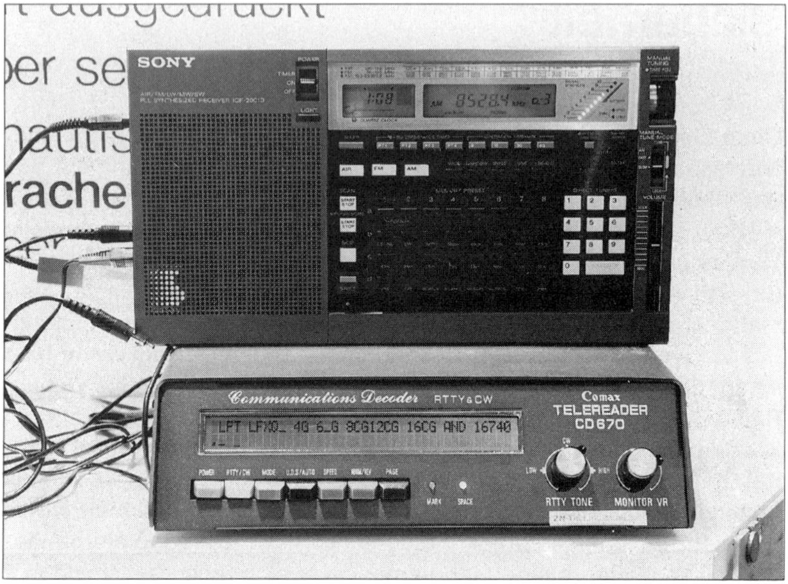

Als Wetterempfänger lassen sich auch geeignete Weltempfänger einsetzen. Mit einem Morse-Decoder bringen sie auch den Profi-Wetterbericht an Bord.

Gegensatz zur Zweiseitenband-Technik des amplitudenmodulierten Rundfunks mit nur einem Seitenband auskommt.
Seitenbänder (ein oberes und ein unteres) ergeben sich bei der Modulation einer vom Sender ausgestrahlten Trägerfrequenz, dann also, wenn man ihr Signale (Sprache, Musik) „aufzwingt“. Im Seefunk benutzt man seit Januar 1982 das obere Seitenband: die zu übertragende Information ist schon in einem Band enthalten. Das spart nicht nur Platz im Äther, es ist auch atmosphärisch störunanfälliger.
Gleichzeitig kommt man mit weniger Sendeleistung aus, was dem Skipper mit seiner kleinen Empfangsstation indes wenig hilft, denn sein Empfänger, der in diese Sendeart paßt, benötigt kompliziertere Technik.

Mit H3E bezeichnet man im Seefunk die Aussendung nur des oberen Seitenbandes mit vollem Träger. I3E nun ist die eigentliche Einseitenband-Sendeart, das heißt: oberes Seitenband mit einem Träger um 40 dB geringer als die maximale Sendeleistung. Das bedeutet praktisch, ein Träger ist überhaupt nicht mehr vorhanden (zumindest, wenn weder Sprache noch Ton ausgesendet wird).
Um nun Sendungen ohne Träger empfangen zu können, besitzen Einseitenband-Empfänger einen sogenannten Beatfrequenz-Oszillator, der die Trägerfrequenz, die nötig ist für die Demodulation der Sprache, im Gerät selbst erzeugt. Die Fähigkeit eines Empfängers, damit auch Aussendungen in I3E verständlich zu empfangen, ist jedoch erst gegeben, wenn seine Beatfrequenz exakt stimmt. Schon bei Abweichungen von 30 Hertz ist bei der Sendeart I3E die Sprache verzerrt, bei einer Abweichung von 100 Hertz ist sie unverständlich.
Geräte, die eine Frequenzkonstanz von ± 10 Hertz nicht erreichen, haben einen sogenannten Clarifier eingebaut, mit dem man die Oszillatorfrequenz (meist um ± 100 Hertz) verändern kann. Andere dagegen benutzen quarzstabilisierende Beatfrequenzen, die einen Clarifier unnötig machen.
Fest steht, mit einem normalen Radio sind Einseitenband-Aussendungen nicht zu empfangen.
Im Zweiseitenband-Verfahren ist es ausreichend, bei einer Frequenz von beispielsweise 2000 Kilohertz (2 MHz) auf vier Kilohertz abzustimmen. Das bedeutet eine Genauigkeit von ± 0,2 Prozent. Im I3E-Verfahren bei gleicher Frequenz dagegen muß die Feinabstimmung auf 0,02 Kilohertz (20 Hz) genau sein, das heißt, auf 0,001 Prozent.
Ein wichtiger Faktor ist auch die große Entfernung vom Sender. Auch in Schweden oder gar Norwegen sollten Kiel Radio und Norddeich Radio gut zu empfangen sein. Die Empfindlichkeit eines Einseitenband-Empfängers ist damit ein wichtiges Kriterium. Versuche mit einer 10-Meter-Achterstagantenne ergaben in einer Entfernung von 100 Meilen zum Sender am Tage Signalstärken von bis zu 10 Millivolt (μV), nachts gar von 4 bis 40 Millivolt. In einem gedachten Umkreis von 350 Seemeilen (in dieser Entfernung erreichen die Sender Norddeich-,

Kiel- und Rügen-Radio die wichtigsten Segelreviere Schwedens, Dänemarks, Norwegens und zum Teil auch die Küsten Englands), mißt man dagegen nur Signalstärken von 1 bis 40 Mikrovolt (mV) am Tage und nachts Stärken von 10 bis 200 Mikrovolt.
Signale dieser Größenordnung sollten gute Einseitenband-Empfänger noch „lesen“ können. Wenn man Grenzwellensender über weite Strecken empfangen will, ist dies in der Regel nur über die Raumwelle möglich, also den „Sendestrahl“, der von der sogenannten F2-Schicht der Erdatmosphäre reflektiert wird. Ohne diese Schicht wäre der Empfang bei Entfernungen über 50 Kilometer zu Ende. Verschiedene Schichten bilden sich je nach Intensität der Sonneneinstrahlung in bestimmten Höhen aus, wo in Schwingung geratene Moleküle elektromagnetische Wellen jeweils bestimmter Frequenzen reflektieren.
Die F2-Schicht bewirkt, daß Sendestrahlen Tausende von Meilen überbrücken, über einige hundert Meilen sogar mit gleichbleibender Signalstärke. Die unterhalb der F2-Schicht liegende F1-Schicht dagegen absorbiert Sendestrahlen und ist Ursache für wesentlich schlechteren Empfang am Tag; nachts löst sie sich auf.
Die unter der F1-Schicht liegenden E- und D-Schichten bewirken eine noch stärkere Absorption, so daß zeitweise der Empfang unmöglich wird, was wiederum von der Tageszeit und besonders vom Sonneneinfallswinkel abhängt. Störungen durch fremde Sender, atmosphärische Entladungen und ausgesprochene Störsender aus dem eigenen Schiff, wie Leuchtstoff-Leuchten und elektrische Maschinen, sind ebenfalls geeignet, den Empfang – speziell entfernter Sender – zu stören.
Empfänger sollten in der Lage sein, den größten Teil solcher Störer zu eliminieren. Vorgeschaltete Schwingkreise, sogenannte Filter, die nur die gewünschten Frequenzen durchlassen (in der Regel mehrere hintereinander geschaltet), verringern den Anteil an Fremd- und Störfrequenzen und lassen letztlich (bei mit hochwertigen keramischen Filtern erzielten Bandbreiten von bis zu zwei Kilohertz) nur noch die für die Sprache wichtigen Frequenzen durch. Musik kann man damit nicht mehr hören (und selbst die Sprache klingt anders, weil nicht

mehr das gesamte Tonfrequenzspektrum vorhanden ist). Hier ist die hohe Trennschärfe zwischen gewünschtem und nicht gewünschtem Signal wichtiger.
Auch ein starker Ortssender, der im selben Augenblick ein tausendfach stärkeres Signal auf den Empfängereingang bringt, darf das schwache Signal eines entfernten Senders nicht unterdrücken. Küstenfunkstellen schalten im Gegensatz zu normalen Rundfunksendern die Trägerfrequenz ab, wenn sie nicht mehr auf Sendung sind. Das bedeutet, daß der in allen hochwertigen Empfängern eingebaute automatische Schwundausgleich den Eingangsverstärker jetzt auf höhere Empfindlichkeit regelt. Bei schwankendem Sendesignal erübrigt sich damit ein Nachregeln der Lautstärke, bei abgeschaltetem Träger des (am Empfänger eingestellten) Senders indes regelt er auf so hohe Verstärkung, daß atmosphärisches Rauschen und schwach durch die Filter kommende Fremdsender voll verstärkt werden.
Hochwertige Empfänger filtern solche Störer in dem Augenblick aus, wo der eingestellte Sender wieder auf Sendung ist. Dieses vermeintliche Symptom schlechter Selektion stellt sich bei genauerer Betrachtung als Zeichen großer Empfindlichkeit eines Empfängers heraus. Weniger Empfindlichkeit würde die Empfangsqualität besonders entfernter Sender vermindern. Gute Einseitenband-Empfänger haben die strengen Prüfungen des FTZ durchlaufen. Sie sind damit für die Berufsschiffahrt zugelassen und auch an Bord von Yachten am besten.

Grenzwellen-Empfangsantenne

Der Aufbau einer Grenzwellen-Empfangsantenne einer Yacht ist so einfach nicht. Nimmt man Hersteller und solche, die sich mit dem Problem befaßt haben, beim Wort, so werden schnell „wenn“ und „aber“ laut, die mit den verschiedenen Empfangsgebieten (Seefunkstellen verändern immerhin ihren Standort) und den tageszeitlich unterschiedlichen Empfangsbedingungen zusammenhängen.

Die Qualität des Empfangs ergibt sich auch unmittelbar aus der Fähigkeit des Empfängers, gewünschte Frequenzen zu selektieren und Nachbar- wie Spiegelfrequenzen zu unterdrücken. Je nach Tageszeit und Gebiet können Boden- und Raumwelle gleich stark einfallen, was ein starkes „Fading“ ergibt, das in der Regel durch eine gute automatische Regelung im Empfänger ausgeglichen werden kann. Die wiederum funktioniert nur einwandfrei, wenn seine HF-Bandbreite sehr gering ist.
Je nach Qualität des Empfängers kommt es durch unterschiedliche Reflexion und Dämpfung von Raum- beziehungsweise Bodenwellen zu Störungen durch Sender, die abseits gewünschter Frequenzen der Küstenfunkstellen arbeiten. Technisch einfache Geräte laufen zudem aus der Frequenz. Einige Empfänger vertragen darüber hinaus optimale Antennen nicht. Daraus resultieren unterschiedliche Vorstellungen von „optimalen“ Antennen.
Mit der Grenzwelle hat man es mit einer noch verhältnismäßig langen Welle zu tun. Selbst bei der hohen Frequenz von Kiel-Radio mit 2775 Kilohertz beträgt die Wellenlänge 108 Meter. Lambdaviertel sind immer noch 27 Meter und Lambdaachtel mit 13,5 Metern auf einer größeren Segelyacht (vielleicht) gerade noch installierbar. Eine Abstimmung der Antennenlänge auf Lambdaachtel jedoch übt kaum Einfluß auf die Abstimmung des Empfängers aus.
Für den Skipper ergibt sich daraus das isolierte Achterstag als beste Antenne, die er auf hoher See durch Kursänderung optimieren kann (seitlich steht sie zirka 60 Grad zur Horizontalen, von achtern jedoch senkrecht). Zudem bringt jeder Meter Antenne ein Mehr an HF-Spannung. Dagegen stehen jedoch praktische Gesichtspunkte wie hohe Kosten, Anschluß über Deck und Bewitterung durch Seeluft und Spritzwasser.
Durch Korrosion an der Verbindung Antenne/Ableitung können Störungen entstehen etc. Gefährlich sind weiterhin hohe Teilspannungen, die bei Gewitter die Achterstagantenne erreichen, auch wenn kein Blitz direkt einschlägt, desgleichen elektrische Entladungen, wie man sie vom Elmsfeuer her kennt. Der Empfänger kann dabei beschä-

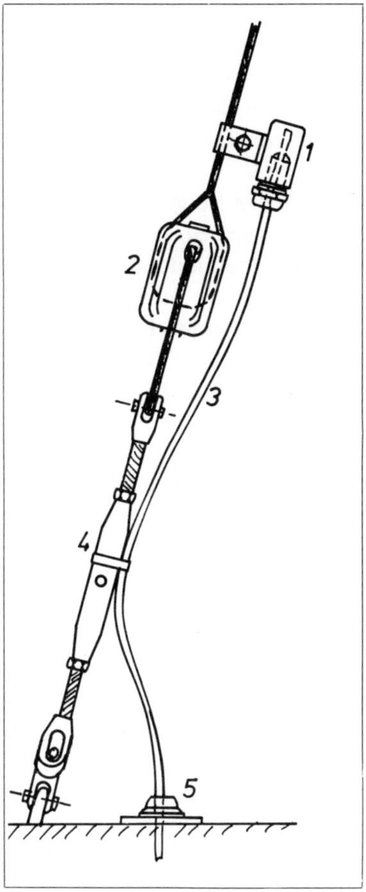

Anschluß der Antennenableitung an ein isoliertes Achterstag:
1 Antennen-Endverschluß
2 Isolator
3 Koax-Kabel
4 Wantenspanner
5 Kabeldurchführung.

digt werden. Als Antennenleitung sollte man in der Regel unabgeschirmten Draht verwenden. Nur in besonderen Fällen von HF-Störungen, die über die Leitung in den Empfänger kommen, ist ein Koaxialkabel angebracht.

Sind zwei Achterstage vorhanden, müssen beide isoliert und gemeinsam als Antenne benutzt werden. Der untere Isolator sollte nicht niedriger als einen Meter über Deck und der obere zirka einen Meter vom Toppbeschlag montiert sein. Die Kontaktierung der Antennenleitung am Achterstag wird mit einem Takling aus versilbertem Kupferdraht hergestellt und mit Tape umwickelt.
Die Achterstag-Antenne bildet nur einen Pol des benötigten Dipoles. Man braucht deshalb ein Gegengewicht, das an Bord in Form des Wasserspiegels vorhanden ist. Der Empfänger muß jedoch leitend mit ihm verbunden sein, das heißt, geerdet werden, was mit einer Verbindung zum Kielbolzen oder Seeventil oder durch einen Erdschwamm realisiert werden kann. Antennenanlagen an Bord von Yachten sollen so gut wie möglich errichtet werden, denkt man an die verhältnismäßig geringen Leistungen der Küstenfunkstellen von nur einem Kilowatt und weniger.
Man kann das isolierte Achterstag auch mit einem am Fußpunkt installierten Antennen-Anpassungsgerät versehen, das die vorhandene Länge auf Lambdaviertel verlängert und eine Anpassung an die Impedanz des jetzt abgeschirmten Kabels (50 Ohm) vornimmt. Damit wird die Antenne auf Sollfrequenz in Resonanz gebracht und liefert eine größtmögliche Feldstärke.
Eine andere Lösung ist die Stabantenne im Masttopp, ebenfalls mit einem aktiven Breitband-Verstärker und einer Anpassung auf 50 Ohm. Diese Antenne liefert eine gute Feldstärke über einen weiten Frequenzbereich und befindet sich über dem „elektrischen Störnebel" des Schiffes. Ihre Nachteile allerdings sind höhere Anforderungen an die Vorselektion des Empfängers und der höhere Montageaufwand. Beide Möglichkeiten werden jedoch praktisch nur selten genutzt.

Wetterkartenschreiber

Eine vollständige Information über das Wetter und seine Entwicklung direkt aus der Hand des Meteorologen ist faszinierend und dank

moderner Elektronik auch für Yachten zu haben: Wetterkartenschreiber zeichnen die von seefahrttreibenden Nationen ausgestrahlten Fax-Wetterkarten auf. Kompakte Technik und relativ geringer Stromverbrauch zeichnen diese Fax-Receiver aus. Das Prinzip solcher Bildübertragung: Im Wetteramt tastet ein Geber die Original-Wetterkarte auf einer rotierenden Bildwalze fotoelektrisch ab. Man erhält damit Bildsignale, die über einen Sender abgestrahlt werden.
Ein dem Gerät an Bord vorgeschalteter Empfänger nimmt diese Signale auf und gibt sie auf den Wetterkartenschreiber, der sie in Schreibsignale umsetzt. Ähnlich der Bildwalze entsteht hier die Wetterkarte. Umlaufende Brennadeln zeichnen sie auf elektrosensitives Papier ab. Eine solche Aufzeichnung besteht aus Schwarz- und Weißsignalen, deren richtiger Anteil die Wetterkarte so darstellt, wie sie vom Geber aufgenommen wird.

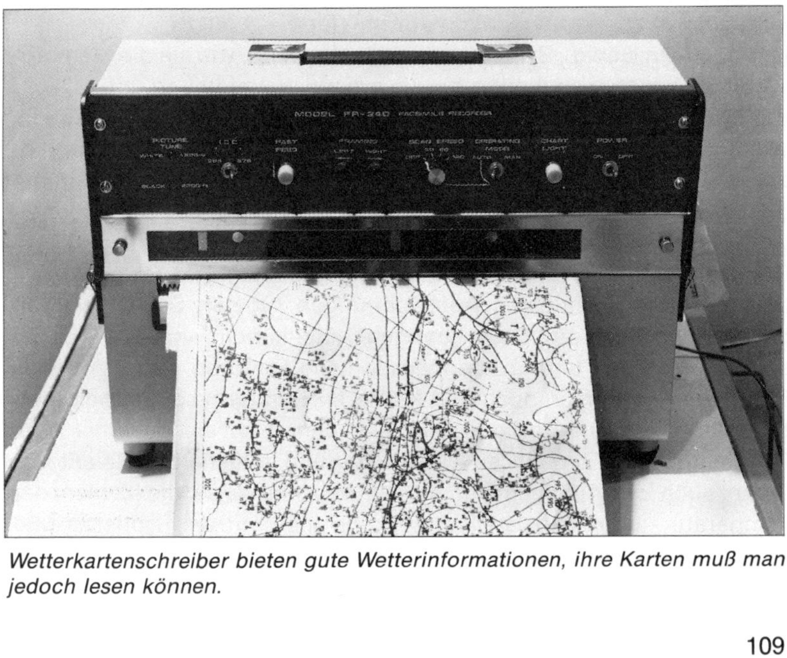

Wetterkartenschreiber bieten gute Wetterinformationen, ihre Karten muß man jedoch lesen können.

Einfache Geräte zeigen die Schwarz- und Weißanteile mit Lämpchen an, die im entsprechenden Rhythmus aufleuchten. Teurere Geräte sind mit einem Leuchtband ausgerüstet, das eine exaktere Einstellung zuläßt. Die richtige Einstellung ist letztlich eine Frage der feinen Senderabstimmung. Liegt sie um einige 100 Hertz daneben, dann produziert der Schreiber plötzlich ein negatives Bild.
Wetterkartenschreiber werden (sofern sie eine Automatik besitzen) vom Geber gesteuert. Vom Sender ausgestrahlte Selektivsignale verarbeitet ihre Automatik zur selbständigen Modulwahl, zum Starten, zur Drehzahlwahl, Einphasung und Bildaufzeichnung und zum Stoppen des Schreibers. Ein „Piepen“ im Lautsprecher des Empfängers, das jedem automatischen Start des Wetterkartenschreibers vorausgeht, ist beispielsweise ein solches Signal. Dieses Selektivsignal von fünf Sekunden Dauer sendet der Geber zu Beginn jeder Übertragung, um zu starten und um das Modul einzustellen. Damit steht dem Empfang einer Wetterkarte nichts mehr im Wege.
Lediglich ein wenig „Symbolkunde“ der Zeichen, wie sie die Meteorologen verwenden, sind nötig für die private Wetterstation unter Deck.
Ein Wetterkartenschreiber ist ohne Zweifel eine gute Sache für die Wetterbestimmung an Bord. In ausländischen Gewässern mit fremdsprachigen Wetterdiensten kann er leicht zur einzigen Informationsquelle werden, wenn man die oft ohnehin von Störungen überlagerten gesprochenen Wetterberichte nicht verstehen kann.
Doch die Wetterkarte ist mehr: Vorhersagekarten und Bodenkarten, hier wohl die wichtigsten Aufzeichnungen für den Segler, wurden bereits, bevor sie an „Bord kommen“, fachkundig analysiert. Dabei sind die Isobaren und Fronten wesentliche Faktoren dieser Analyse. Damit aber kann man auch den kleineren Geräten, die nicht die Kartenbrillanz der aufwendiger gebauten Geräte erreichen, über eine Bordtauglichkeit hinaus eine Berechtigung attestieren. Reicht bei ihnen auch die Auflösung nicht, um beispielsweise die Zahlen der Temperaturkarten darzustellen, so kann man mit den Isobaren und Fronten ihrer Vorhersagekarten doch genügend Wetteranalyse betreiben.

Navtex-Decoder

Als Radio Quickborn erstmalig einen Wetterbericht für das Mittelmeer in Punkten und Strichen, im Morsecode also, aussandte (Frequenz 147,3 kHz udn 11 039 kHz), machten sie plötzlich verstärkt von sich reden: Decoder, die Morsezeichen in eine alphanumerische Laufschrift umsetzen.
Diese Geräte sind Morse-Decodier-Apparate, die als Ergänzungsgerät zu einem beliebigen Empfänger, der in der Lage ist, SSB-Lang- und Kurzwellen zu empfangen, die rhythmischen Unterbrechungen eines ausgesendeten Trägers im Takt von Morsezeichen entschlüsseln können.
Allerdings beschränkte sich die Intelligenz solcher Umsetzer auf maschinengesetzte Zeichen. Die Handschrift eines gebenden Funkers zu lesen, waren erst die Decoder der neuen Generation in der Lage.
Inzwischen gibt es eine ganze Reihe solcher Geräte, die mit integriertem Empfänger, Speicher, Drucker und LED- oder LCD-Laufdisplay ein Decodier-System darstellen, das Morse, Telex und Sitor empfangen und verarbeiten kann.
Ein Nachrichtenübermittlungs-System mit dem Namen Navtex nämlich sorgt für Furore in der Übermittlungstechnik für die Sport- und Berufsschiffahrt. Alle Arten wichtiger Meldungen sollen mit einem Gerät auf einer einzigen Frequenz vollautomatisch empfangen, decodiert und ausgedruckt werden. Navtex soll damit innerhalb weniger Jahre weltweit auf der Frequenz 518 Kilohertz Wetter- und Warnsendungen ausstrahlen.
In einem Umkreis von 200 Seemeilen um die einzelnen Sender sind dann die Meldungen zu empfangen. Gesendet wird allerdings ausschließlich in englischer Sprache. In Europa ist das System installiert und weitgehend in Betrieb, nur die spanische Atlantikküste und das Mittelmeer fehlen noch.
Gestiftet hat diesen weltumspannenden Langwellen-Nachrichtendienst die International Maritime Organisation (IMO). Fast alle seefahrenden Nationen haben sich zu dieser Organisation zusammenge-

schlossen und 1983 in Norwegen die Richtlinien des Future Global Distress and Safety System (FGDSS) festgelegt. Mit dessen Hilfe sollen die Seefahrt sicherer gemacht und bessere Kommunikationsmöglichkeiten geschaffen werden.

Einen Teil des Sicherheits- und Notruf-Systems stellt Navtex dar. Gesendet wird in einem funktelexähnlichen Verfahren, Sitor genannt. Alle Zeichen werden zweimal gesendet, damit der Empfänger an Bord die richtige Decodierung des ersten Zeichens überprüfen kann. Jede Sendung beginnt mit einer Identifikation, die aus vier Zeichen besteht: Der erste Buchstabe zeigt die Sendestation an, der zweite die Art der Nachricht, die beiden folgenden Zahlen geben die Nummer der Sendung an.

Die an Bord installierten Geräte können nun auf unterschiedliche Stationen und Meldungen programmiert werden. Wird eine Nachricht empfangen, gibt der Decoder an Bord Alarm, damit wird sichergestellt, daß der Skipper die Meldung auch liest. Durch die Benutzung

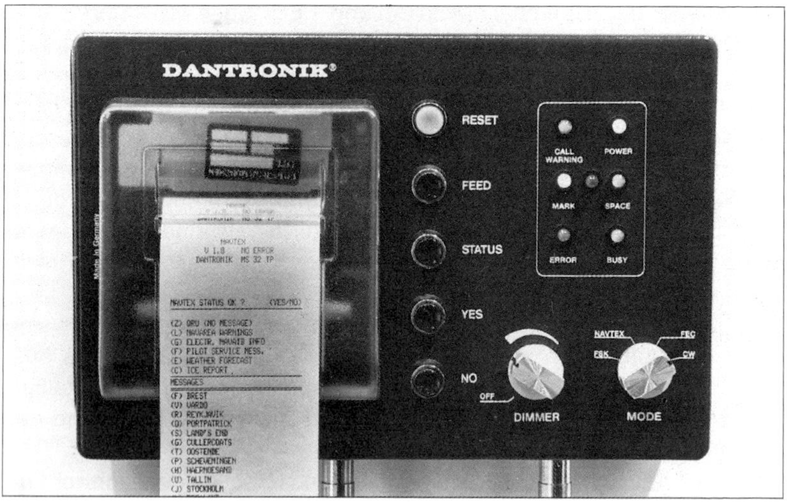

Navtex-Decoder machen auch die in Morse gesendeten Wetternachrichten transparent. Dieses Gerät druckt das Wetter auf einem Papierstreifen aus.

von Morsezeichen, die maschinengetastet werden oder auch Sitor, sind sehr große Reichweiten möglich, die Frequenzen sind dazu ja prädestiniert.
Die Lesbarkeit für einen Decoder kann jedoch durch atmosphärische Störungen und elektromagnetische Störer an Bord beeinträchtigt werden. Eine gute Antenne ist deshalb Voraussetzung. Außerdem sollte eine abgeschirmte Antennenzuleitung vorhanden sein, um Störungen aus dem Schiff zu eliminieren. Die Geräte selbst müssen mit Filter ausgerüstet sein, die über das Kabel hereinkommende Störungen ausfiltern. Das Nutzsignal schließlich muß störungsfrei innerhalb einer bestimmten Bandbreite am Decoder ankommen. Nur so kommt er nicht ins Stottern.
Benutzt man zum Beispiel die vom Navtex-Decoder aufgenommenen Wetternachrichten zusammen mit den von den Wetterdiensten herausgegebenen Bordwetterkarten, dann kann man leicht seine private Analysen-Wetterkarte zeichnen.

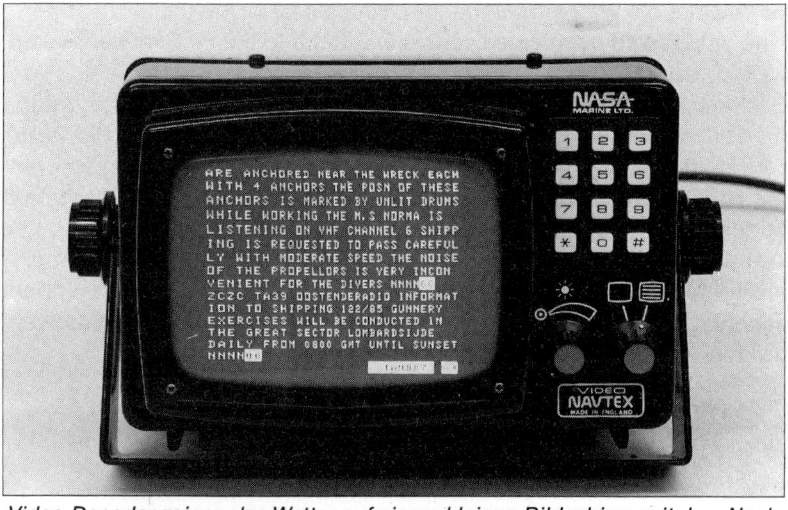

Video-Decoder zeigen das Wetter auf einem kleinen Bildschirm, mit dem Nachteil, daß man die empfangenen Nachrichten nicht abheften kann.

Blitzlampen

Die Positionslaternen kleiner Yachten sind schlecht zu erkennen. Besonders bei Seegang kann man die tiefliegenden Seitenlichter von der Brücke eines Dampfers nur schwer ausmachen. Große Segler fahren deshalb „Rot über Grün“. Was aber bleibt dem Skipper einer kleinen Yacht, die ohnehin schon Probleme mit ihrer Stromkapazität hat?
Lampenhersteller bieten da Blitzleuchten an, die zwar nach Regel 36 (SeeStrO) nicht zugelassen sind (man kann sie mit den Blitzen von Tonnen verwechseln), aber um sich in freien Gewässern bemerkbar und in Notfällen auf sich aufmerksam zu machen, werden sie stillschweigend geduldet. Es gibt sie für den Masttopp und integriert in ein fest anzubauendes Ankerlicht.
Im Vergleich zu den vorgeschriebenen Positionslaternen zeichnen sie sich durch geringere Leistungsaufnahme und höhere Tragweiten aus. So reicht ein 5 Watt aufnehmender Blitz bis zu 10 Seemeilen, während eine mit 25 Watt bestückte Dreifarbenlaterne lediglich zwei Seemeilen weit zu sehen ist.
Blitzlampen sind ähnlich aufgebaut wie das Blitzlicht des Fotografen: die Blitzdauer von etwa ein tausendstel Sekunden macht die hohe Lichtstärke möglich. In den Zwischenzeiten speichern Kondensatoren mit Hilfe einer Elektronik elektrische Energie, um sie als Impuls mit hoher Leistung an ein Xenon-Blitzrohr abzugeben.
Trotz ihrer kurzen Dauer werden solche Blitze gut gesehen. Auf Yachten sollten sie jedoch nicht im Masttopp angebracht werden. So hoch liegende Lichter täuschen auf der Brücke eines Berufsschiffes weit größere Abstände vor als tatsächlich gegeben sind.

Radar-Reflektoren benötigen einen Mindest-„Querschnitt“ und exakt angeordnete Corner, wenn sie genügend reflektieren sollen. Diesen Reflektor hat das DHI zugelassen.

Radar-Reflektor

Praktische Versuche haben gezeigt, daß Sportboote, dazu noch aus GFK oder Holz, Radarstrahlen nur sehr schlecht reflektieren. Allenfalls das Rigg einer Segelyacht gibt durch den in Querschiffsrichtung breiteren Alu-Mast ein größeres Echo. Radar-Reflektoren können die Rückstrahlkraft einer Yacht vergrößern.

Radargeräte arbeiten mit hochfrequenten elektromagnetischen Wellen, die sie über ihre Drehantenne aussenden und empfangen. Aus der Laufzeit der ausgestrahlten Welle und ihrem Echo mißt ein Radar Entfernung und Richtung eines Zieles. Nur mit aufgenommenem Echo ist eine Messung möglich, und die läßt sich um so besser deuten, je größer und klarer das Echo ist. Wie aus der Optik bekannt, sind die Reflexionseigenschaften verschiedener Materialien unterschiedlich. Die Form eines Körpers beeinflußt diese Eigenschaften ebenfalls.

Sogenannte Tripelspiegel, wie man sie als Rückstrahler an Fahrrädern und Straßenleitpfosten findet, haben eine besonders hohe Rückstrahl-

kraft. Ihr Katzenaugenprinzip kann man auf die Drei- und Zehn-Zentimeter-Wellen der Radarstrahlung übertragen. Das Ergebnis ist der Radar-Reflektor. Wegen der gegenüber Licht größeren Wellenlänge müssen die hier verwendeten Tripelspiegel nur größer werden.

Man spricht von einem Radarquerschnitt, der nötig ist, um eine ausreichende Reflexion von Radarwellen sicherzustellen. Er ist eine Funktion der Innenkantenlänge a des Tripelspiegels und der Wellenlänge λ (Lambda) der Strahlung, die er reflektieren soll. Er errechnet sich aus $A_{Radar} = 4{,}19\ a^4/\lambda^2$.

Die Seitenlänge mit der vierten Potenz im Zähler gerät damit zum bestimmenden Faktor der Rückstrahlgröße eines als Radar-Reflektor benutzten Tripelspiegels (der Grund, weshalb das Deutsche Hydrographische Institut so sehr auf einer Mindestgröße besteht). Schon eine geringe Verkürzung der vorgeschlagenen Kantenlänge (300 Millimeter) macht einen großen Unterschied der Rückstrahlkraft. Ein anderes Muß eines guten Reflektors ist darüber hinaus die exakte Einhaltung der rechten Winkel der in Ecken (Corner) zueinander stehenden Flächen.

Radar-Reflektoren ohne Ecken arbeiten mit der Luneberg-Linse,

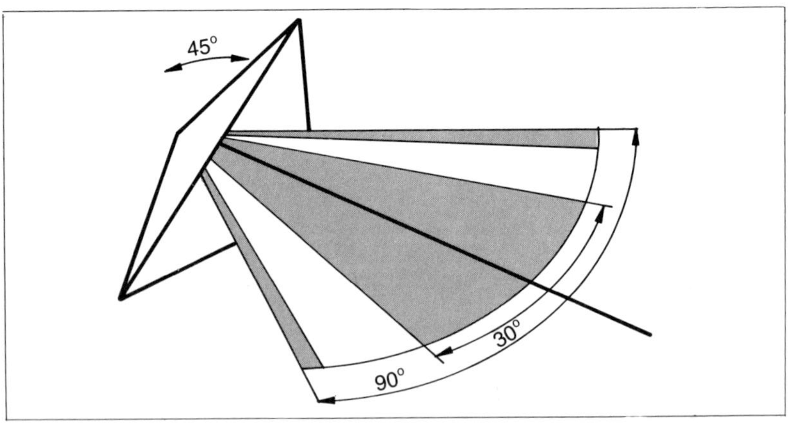

Aus der richtigen Corner-Stellung ergibt sich der optimale Rückstrahlsektor.

einem Hohlspiegelring, der mit einer Wölbung nach außen in einer Kunststoffhülle eine Kunststoffkugel umschließt. Das Prinzip: Die Sammellinse lenkt Radarstrahlen in den Ring, der sie reflektiert und parallel ausgerichtet durch die Linse wieder nach draußen wirft, zurück zur Antenne.

Generell sollen Radar-Reflektoren in einem horizontalen Winkel von 360 Grad möglichst gleichmäßig stark reflektieren. Reflektoren in Oktaederform hängt man aus diesem Grund in der sogenannten Regenfangstellung auf, das heißt, ein Tripelspiegel soll wie ein Trichter nach oben zeigen. Sechs Spiegel verteilen sich dann mit ihren offenen Flächen über den horizontalen Kreis nach außen gerichtet.

Manchmal sieht man sie mit der Spitze nach oben. Das ist falsch, auch wenn der Hersteller hier seine Befestigungslöcher gebohrt hat. Am besten setzt man den Reflektor im Achterstag (die Saling ist nicht so sehr geeignet, da der Mast den Reflektor zur einen Seite hin abschattet). Hier kann man ihn bei längerer Krängung auf einem Bug leicht wieder in die Senkrechte zurren. Das Schwenken aus der Lotrechten nämlich bringt bereits eine krasse Verminderung der Rückstrahlleistung, weil die Tripelspiegel der einen Seite dann aufs Wasser, die der anderen Seite in die Sonne strahlen.

Während eines Tests, den die Zeitschrift YACHT veranstaltete, zeigten die heute auf dem Markt befindlichen Reflektoren mit Kantenlängen unter 300 Millimetern mit exakt winklig angeordneten Cornern auf drei Seemeilen bereits Schwächen. Bei fünf Seemeilen (und innerhalb dieses Bereichs sollte ein dicker Pott eine Yacht schon erkennen können, um eventuell nötig werdende Maßnahmen einzuleiten) machte sich der zu kleine Radarquerschnitt bereits stark bemerkbar. Den können auch die zylinderförmigen Reflektoren mit ihren eingebauten vielen kleinen in eine Richtung strahlenden Tripelspiegeln durch Addition ihrer Kantenlänge nicht wettmachen.

Ohne Bedenken sind damit nur die großen, auch in der Berufsschifffahrt benutzten Reflektoren zu empfehlen. Kochtöpfe, mit Metallspänen gefüllte Säcke und Hohlkugeln aus Aluminium sind gänzlich ungeeignet, auf einem Radarschirm auf sich aufmerksam zu machen.

Code V-Geber

Das Morsealphabet kennt kaum ein Sportschiffer, man braucht es hier nicht mehr, seit es UKW-Sprechfunk gibt. Dennoch ist es manchmal wichtig, ein Signal in „Strichen und Punkten" zu geben: Man denke an die Q-Gruppen, die Absolventen der Prüfung zum „Allgemeinen Sprechfunkzeugnis für den Seefunk" noch pauken müssen. Insbesondere in der Sportschiffahrt nämlich werden oft „Seenotsignale" gegeben, da wo gar kein Seenotfall besteht, sondern lediglich Hilfe benötigt wird.
Am Tage würde man Flagge V für „Hilfeersuchen" nach dem internationalen Signalbuch setzen. Ein kleines elektronisches Gerät nun, das sein Hersteller „code V-Pulser" nennt, nimmt dem Skipper nachts ab, dieses Signal (dreimal kurz, einmal lang) von Hand geben zu müssen, zumal auf Yachten neueren Datums der Morsetaster im Cockpit für die Topplaterne (sie saß, im Gegensatz zur Dampferlaterne, die man heute so nennt, wirklich auf dem Masttopp), ohnehin nicht mehr vorhanden ist.
Nach Betätigen eines Schalters veranlaßt das Gerät eine Signallaterne, das codierte Signal V abzustrahlen, unabhängig davon, ob die Laterne bereits vorher brannte oder nicht. Der Code V-Geber ist ein gutes Beispiel dafür, wie Elektronik für die Sicherheit an Bord von Yachten eingesetzt werden kann. Sie erfüllt selbsttätig ihre Aufgabe, während sich die Crew weiter um das Schiff kümmert.

UKW-Sicherheitsfunk

Im Schoße des UKW-Seefunks kann sich eine Yacht-Crew sicher fühlen. Auf Kanal 16 wird von allen Küsten-Funkstellen tags wie nachts Hörwache gegangen, und in der Berufsschiffahrt stehen UKW-Geräte ständig auf Empfang, denn bereits in Küstennähe wird Funkverkehr mit Lotsen- und Schiffsmeldediensten abgewickelt.
Ebenfalls ist die Ausrüstung von UKW-Seefunkanlagen mit Selektiv-

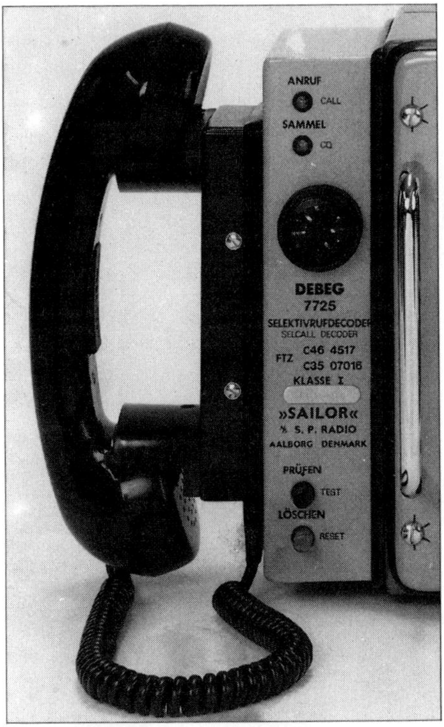

Der Selektivruf-Decoder ist ein Zusatzgerät für das UKW-Radiotelefon. Mit seiner Hilfe kann ein Schiff von der Küstenfunkstelle angerufen werden.

ruf-Decodern dabei, sich auszubreiten. Bei einem Ruf „an alle" leuchtet an diesem Zusatzgerät die CQ-Lampe auf, und ein akustischer Alarm weckt den Funker automatisch. Yachteigner sollten sich den Selektivruf leisten, nicht nur, um direkt von einer Küsten-Funkstelle gerufen werden zu können, sondern weil mit dem Selektiv-Decoder ein „Wachempfänger" unter Deck kommt, der unter Umständen über Kanal 16 ausgesendete „wichtige Warnungen an alle" meldet. Der Yachtskipper ist außerdem damit Glied in der Sicherheitskette, die Notrufe empfängt und an die Rettungsdienste weiterleiten kann.

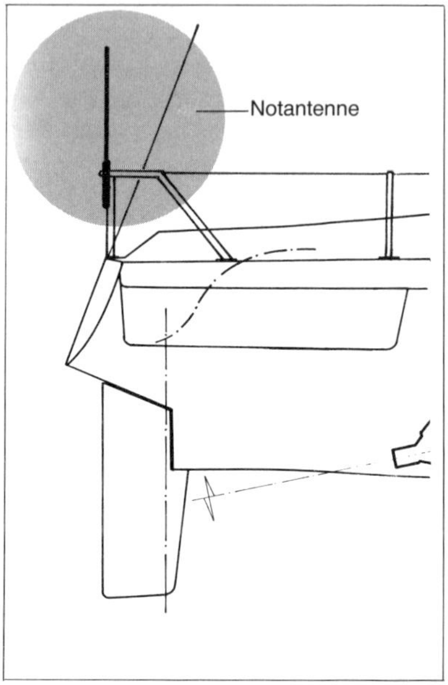

Kommt einmal das Rigg von oben, dann ist Senden kaum noch möglich. Eine zweite an den Heckkorb gebaute Antenne gibt zusätzliche Sicherheit.

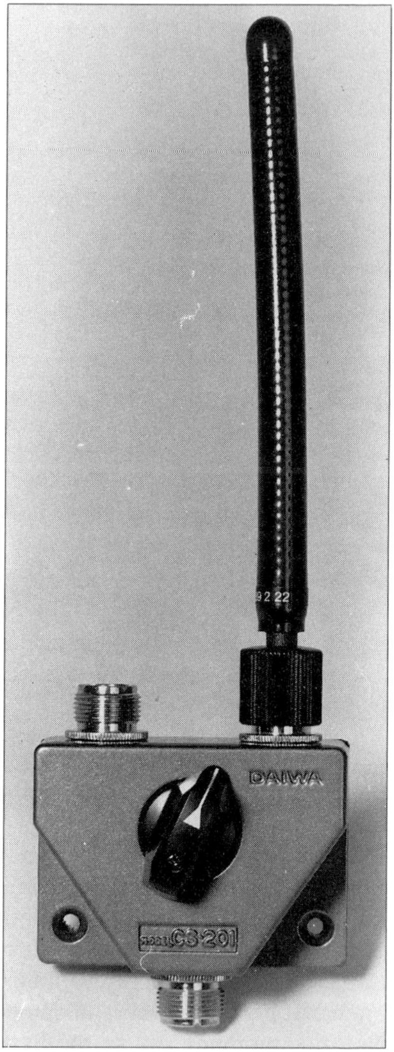

Diese Notantenne ist für eine Montage am Heckkorb gedacht. In die Steckvorrichtung unten wird die Ableitung zum Funktelefon eingesteckt, während in die Buchse oben links die Leitung zur Antenne im Masttopp kommt. Wenn sie nicht mehr funktioniert, schaltet man einfach auf die Notantenne um.

Notantenne

Als Antennen für UKW-Seefunkanlagen werden auf Yachten dünne Stäbe mit einer Länge von zirka 1,50 Meter verwandt, die so hoch wie möglich aufgebaut sein sollen. Wegen der quasi-optischen Ausbreitung von ultrakurzen Wellen ist die Reichweite solcher Sendeanlagen von der Antennenhöhe abhängig. Auf Segelyachten gerät in der Regel der Masttopp zum besten Platz für eine Antenne, doch da oben sitzt sie ebenso optimal wie „verwundbar".

Das bedeutet für den Notfall, eine zweite Antenne an Bord vorzusehen, falls der Mast einmal von oben kommt.

Als gute Lösung bietet sich da der Heckkorb an, wo in eine vorbereitete Halterung eine Ersatzantenne eingesteckt wird. In jedem Fall benötigt die Endstufe eines Senders eine angepaßte Antenne, die in der Lage ist, die erzeugte Leistung voll abzustrahlen. Ein einfacher Draht reicht nicht aus.

Das Coaxial-Kabel der Antennenzuleitung als Notantenne zu verwenden, ist unter Umständen eine Lösung. Dazu sollte die Abschirmung des Kabels zirka 100 Millimeter über den eigentlichen Draht zurückgeschoben werden. Das Problem von Drahtantennen liegt in der meist geringen Abstrahlfähigkeit der Sendeleistung. Zu hohe am Wandler der Endstufe entstehende Spannungen können den Sender zerstören. Durch ihre geringe Höhe wird die Wirksamkeit einer Notantenne ohnehin zur Farce, so daß es geraten erscheint, immer nur dann zu senden, wenn sich in grober See das Schiff auf einem Wellenkamm befindet, dann tunlichst auch nur mit der verminderten Leistung von 1 Watt.

Notstromversorgung

Die besten elektronischen Systeme tun es nicht, wenn es an der nötigen Spannung mangelt. Zum Problem wird die Stromversorgung eines Seefunkgerätes bei Wassereinbruch. Batterien werden normalerweise unten im Schiff gefahren, da der Konstrukteur ihr Gewicht so

tief wie möglich untergebracht haben will. Hier jedoch sitzen Batterien, von der Seite der Sicherheit betrachtet, schlichtweg falsch. Der erste Schwall grünen Wassers durch das geöffnete Schiebeluk setzt sie womöglich außer Betrieb, wenn Salzwasser ihre Pole überbrückt. Wassereinbruch bei leckgeschlagener Außenhaut führt meist zum totalen Blackout. Auf Fahrzeugen der Berufsschiffahrt werden deshalb (Not-)Batterien „höherenorts" (Peildeck) eingebaut.
Wer sich auf den Notfall einrichten will, sollte (auch wenn das Funkamt für Yachten keine derartigen Vorschriften parat hält) sicherstellen, daß bei „Zustand" an Bord für die Funkanlage immer noch Saft vorhanden ist. Das beginnt beim schockfesten Verzurren der Batterie in ihrer Halterung, führt ganz sicher zu einer kippsicheren und wartungsarmen Batterie und läuft womöglich auf eine Notbatterie für die Seefunkanlage hinaus, die, an sicherem Ort im Schiff eingebaut, keine Bleibatterie zu sein braucht.
Manches Seefunkgerät muß ohnehin mit speziellen Netzgeräten der Bordspannung angepaßt werden, so daß man leicht einen aufladbaren Nickel-Cadmium-Akku vorsehen kann, wie sie heute für Geräte-Notbetrieb angeboten werden. Die Batteriekapazität sollte dann gleich so bemessen werden, daß in hartem Wetter auch einmal 12 (besser 24) Stunden ununterbrochen in den Kanal 16 hineingehört werden kann. Für den Stand-By-Betrieb von 0,5 Ampere sind dann für den 24-Stunden-Tag runde 20 Amperestunden für das Funkgerät bereitzuhalten.

Notsender (EPIRB)

Seit langem gibt es Seenotfunksender, die in erster Linie für eine Kennzeichnung der Seenotposition konzipiert sind. Diese ohne besondere Genehmigung mitzuführenden Geräte dürfen nur im Notfall, und dann auch ohne Sprechfunkzeugnis, benutzt werden. Unterschieden wird hier zwischen Geräten, die senden und empfangen können und solchen, die lediglich einen Sender eingebaut haben. Diese, EPIRB (Emergency Position Indicating Radio Beacon) genann-

Notfunkboje (EPIRB) für alle Notfrequenzen. Mit diesem Gerät kann sowohl gesendet als auch empfangen werden.

Dieser Notsender sendet auf den Notfrequenzen der Luftfahrt. Ein Notgerät, das auf der Grenzwellen-Notfrequenz 2182 Kilohertz sendet, wäre da besser. Dafür ist dieses Gerät jedoch sehr klein.

ten Funkbojen arbeiten auf der Grenzwellen-Notfrequenz 2182 Kilohertz und senden Striche von 1 bis 5 Sekunden Dauer, moduliert mit 1300 Hertz (Typ L).

Seenotsender vom Typ H senden das Zwei-Ton-Sprechfunk-Alarmzeichen, dessen 2200-Hertz-Ton automatisch die Wachempfänger von in der Nähe befindlichen Berufsschiffen einschaltet. Ausrüstungspflich-

tige Schiffe sind in der Lage, diese Frequenz zu peilen und eine Zielfahrt zu machen.
Nach Fastnet sind allgemein Stimmen laut geworden, die der Grenzwelle nicht recht trauen. Zugegebenermaßen hat sie ihre Schwächen: sie ist selten störungsfrei und ihre Reichweite ist tageszeitabhängig. Mit den Draht- und Teleskopantennen, die Notsendern nur angepaßt werden können, ist auf diesen Frequenzen nicht viel Leistung abzustrahlen. Auch sollen außerhalb Europas die vorgeschriebenen Funkstillen (zweimal in der Stunde von 00 bis zur 03. und von 30 bis zur 33. Minute) nicht immer eingehalten werden.
Dennoch bietet die Grenzwelle Sicherheit, denn sie wird überwacht. Überwacht werden aber inzwischen auch die zum Teil nur zigarettenschachtelgroßen UKW-Notsender. (Der „Locat" ist wohl der bekannteste unter ihnen). Daß sie besonders von Sportschiffern geliebt werden, lag bislang nur an dem kleinen, yachtmäßigen Aufbau dieser Geräte und an der Leistung, die UKW-Geräte auch mit kleinen Antennen abzustrahlen in der Lage sind. Die benutzten Frequenzen indes (121,5 und 243 MHz) können lediglich von der zivilen (121,5 MHz) beziehungsweise der militärischen Luftfahrt empfangen werden, wobei von ihnen eine Hörwache rund um die Uhr nicht sichergestellt ist.
Diese Geräte waren somit bislang nur geeignet, den Ort einer Havarie anzuzeigen, wenn eine Alarmierung bereits stattgefunden hatte. Seenotkreuzer der Deutschen Gesellschaft zur Rettung Schiffbrüchiger sind mit Peilern dieser Frequenzen ausgerüstet, ebenso SAR-Flugzeuge.
Die Meldung eines Seenotfalles und somit das Auslösen einer Rettungsaktion aber erfolgte per Funk nur über die Frequenz 2182 Kilohertz, mit der die „großen" EPIRB arbeiten, oder über den Kanal 16 (256,8 MHz) der UKW-Seefunkanlage. Inzwischen haben Satelliten die

So arbeitet SARSAT beziehungsweise COSPAS: Der Satellit empfängt das Notsignal, gibt es auf eine Landstation, die wiederum die SAR-Stelle benachrichtigt. Von hier wird der Rettungseinsatz geleitet. Der Satellit gibt darüber hinaus auch die genaue Position des Havaristen an.

Überwachung der Flug-Notfrequenzen übernommen: SARSAT (Search und Rescue Satellite Assisted Tracking System) und das russische Pendant COSPAS (Cosmos Rescue) sind (zwar noch nicht in allen Details fertiggestellte) Systeme, die schon gute Erfolge erzielten. Der Signalverlauf ist denn zumindest für das auslösende Gerät wenig kompliziert: Die geringe Sendeleistung des nur einfach aufgebauten (UKW-)EPIRB wird ungestört durch Seegang, Landeffekte etc. vom SARSAT- oder COSPAS-Satelliten empfangen, der über dem Havaristen steht.
Der Satellit gibt die Meldung zur Rettungsstation an Land, die von dort in der Nähe der Unglücksposition befindliche Schiffe dirigiert, aber

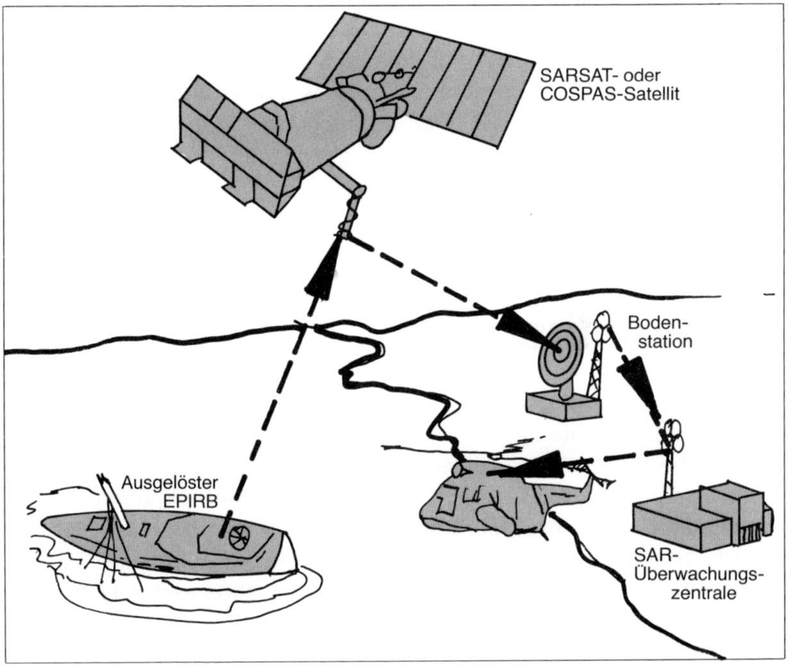

auch Hubschrauber und Seenotkreuzer, wenn das nötig wird. Die Standlinien ermittelt der Satellit mit Hilfe des Doppler-Effekts, mit dem auch die Satelliten-Navigation an Bord funktioniert.
Unter dem Namen ARGOS haben die Franzosen nach diesem System beispielsweise auch Transatlantik- und Round-the-World-Regatten überwacht. Zu bestimmten Zeiten mußte jeder Teilnehmer seinen Sender tasten, in Paris konnte der Regatta-Computer dann sofort bestimmen, wo welche Yacht im Moment des Sendens stand. „Satelliten-Seenot-Funkbojen“ sollen eine Säule für das von der Internationalen Seeschiffahrts-Organisation (IMO) in Vorbereitung befindliche Seenot- und Sicherheitsfunksystem der Zukunft (FGMDSS) sein, das etwa 1990 global das bisherige System ablösen wird.
Yachten kommt das allemal entgegen, denn das Gerät an Bord ist klein und einfach zu handhaben und es findet leicht noch einen Platz in der Rettungsweste. Vor Mißbrauch muß allerdings gewarnt werden: Wie kein anderes Notrufsystem löst dieses immer die gesamte Kette von Such- und Rettungsaktionen aus. Ein Handikap nämlich haben solche EPIRB: Sie melden nicht, was genau passiert ist und welche Aktionen nötig sind.

Bootsbetrieb

Elektronische Geräte helfen dem Skipper in unterschiedlicher Weise. Eine Form solcher Bordelektronik sind Instrumente, die anzeigen, mit welchen Wind- und Wasserverhältnissen ein Boot segelt, denn wer die längste Zeit des Jahres im Büro verbringt, weil er für sein Hobby Segeln arbeiten muß, dem geht der Instinkt für Wind und Wellen verloren. Da kann mit geeignetem Gerät die abhandengekommene Intuition kompensiert werden, um so wieder Gefühl für Boot und See zu bekommen.

Was der dazu geschaltete Rechner davon an Daten speichert, kann auch an Land dazu dienen, solches Gefühl zu komplettieren – theoretisch versteht sich.
Der Autopilot ist ein Gerät, das dem Steuermann (zeitweilig) die Pinne aus der Hand nimmt, damit er Zeit hat für andere Dinge, vielleicht die Bordelektronik zu bedienen. Daß dazu genügend elektrische Energie da ist, dafür sorgen solare Stromerzeuger. Und daß letztlich alles beisammen bleibt, stellt der Diebstahlalarm sicher.

Segelinstrumente

Segelinstrumente sind in erster Linie die Geräte an Bord, die Informationen geben über Wind- und Wassergeschwindigkeit sowie über Wind- und Kursrichtung. Man benutzt sie heute vorwiegend als Orientierungshilfe zum Optimieren von gesegelter Höhe und Geschwindigkeit. Nimmt man Lot und Log (Meilenzähler) hinzu, dann hat man mit Segelinstrumenten auch die Möglichkeit, einfache Navigationsaufgaben durchzuführen.
Segelinstrumente arbeiten von Haus aus autark und geben damit als Einzel-Anzeigegerät schon eine wertvolle Hilfe für die Einstellung der Segel, die Kurswahl usw. Taktische Ratgeber beim Segeln werden sie allerdings erst, wenn man sie mit gespreizten Skalen oder Digitalstellen hinter dem Komma versieht, um auch kleinste Meßveränderungen deutlich zu machen. Erst auf seiner gespreizten Skala zeigt ein Speedometer genau, daß ein Schrick in den Schoten zusätzlich Fahrt bringt; erst die gespreizte Skala auch des Windrichtungsanzeigers (Windlupe) läßt optimales Höhelaufen zu und erleichtert den Spinnakerkurs vor dem Wind.
Regelrechte kleine Leistungsinstrumente sind Geräte, die zwei unterschiedliche Parameter verknüpfen und sie als integrierten Wert anzeigen. Mit Wind- und Bootsgeschwindigkeits-Gebern beispielsweise besitzt man ein System, das einer „Wirkungsgradanzeige“ gleichkommt: der jeweils auf die Stellung Null getrimmte Zeiger des Instru-

Nicht nur die relativen Windparameter werden auf diesem Instrument angezeigt, zusammen mit den Signalen vom Speedometer gibt das Gerät auch deren wahre Werte an.

Mit den verschiedenen Parametern, die dieses Gerät verarbeitet, gehört es zu den rechnenden Instrumenten, die Durchschnittsgeschwindigkeit und Luvgewinn anzeigen.

ments zeigt jede aus guter oder schlechter Segeltechnik resultierende Geschwindigkeitsänderung an. Fahrtgewinn oder Fahrtverlust durch unterschiedlichen Wind sind automatisch ausgeschaltet.

Die intelligentere Technik der Digital-Instrumente öffnet dem Instrumentenbauer Möglichkeiten, relativ einfach auch andere „Performance-Geräte“ herzustellen. Das zeigen einige moderne Geräte: Mit Wind- und Wasser-Parameter realisieren sie nicht nur die Anzeige der wahren Windrichtung, gleichzeitig sind sie auch in der Lage, den gutgemachten Weg nach Luv (Luvgewinn) oder Lee anzuzeigen (Velocity Made Good). Man muß sie damit in die Kategorie der Leistungsinstrumente einordnen.

Mit fest angelegtem Programm gerät manches Instrument beispielsweise bereits zum Bordrechner: Mit den unterschiedlichsten Gebern ausgerüstet, kann man sie auch verknüpfte Parameter abfragen. Die Anzeigen kommen dann oft über ein gerastetes LCD-Display.

In der Regel jedoch wird man Segelinstrumente in ihrer klassischen Version als Einzelgeräte vorfinden. Automatische Plotthilfen und „rechnende" Instrumente für den gutgemachten Weg gibt es hier schon seit mehr als zehn Jahren.
Der zentrale Bordrechner nun benötigte lediglich Parameter von Einzelinstrumenten. Hier kann man alle Segelinstrumente benutzen, die einen Signalausgang für den Computer besitzen. Die geeignete Anpassung übernehmen seine Schnittstellen. Wie unterschiedlich die Ausgangssignale von Segelinstrumenten indes sein können, zeigen die Prinzipien der einzelnen Geräte, wovon die Bordgeschwindigkeitsanzeiger, der Kompaß und das Echolot in Kapitel 5 bereits abgehandelt wurden. Zu ihnen nur noch soviel:
Speedometer: Für die Einstellung der Segel und der damit verbundenen Geschwindigkeitsänderung sind die Stellen hinter dem Komma einer digitalen Anzeige nützlich. Zeigerinstrumente benötigen dafür ein zusätzliches Gerät, die Speedometer-Lupe. In seinen Schnittstellen verarbeitet der Zentral-Computer die Spannungssignale zu für ihn verwertbaren digitalen Signalen.
Echolot: Die Beurteilung des Bodens, die mit einer Leuchtdiodenanzeige möglich ist, versucht der Rechner mit einer speziellen Anzeige zu realisieren. Seine Software verarbeiten die Echolot-Signale außerdem zu Alarmen für Untiefen und Ankerwache.
Kompaß: Nicht nur für die Kursbestimmung, auch für eine Nordstabilisation einiger elektronischer Navigationsgeräte ist der Kompaß unerläßlich. Ein verwertbares Signal auf einen Rechner zu bringen kann nur ein sogenanntes Fernkompaß-System. Hier steuert der Magnetkompaß mit einer Abtastsonde die Schnittstelle des Rechners an. Die meisten dieser Kompasse arbeiten mit der sogenannten Magnetsynschaltung: einem Magnet-System, das sich dem System des Kompasses überlagert. Der Rechner stellt den Kompaß in der Regel als Steuerstrich auf seinem Monitor dar.
Auf einem Gerät für den Steuermann braucht dieser den Strich nur mit der Vorausmarke in Deckung zu halten, um auf dem richtigen Kurs zu sein. Er wird vom Navigator programmiert. Ein Steuerstrich-Ausschlag

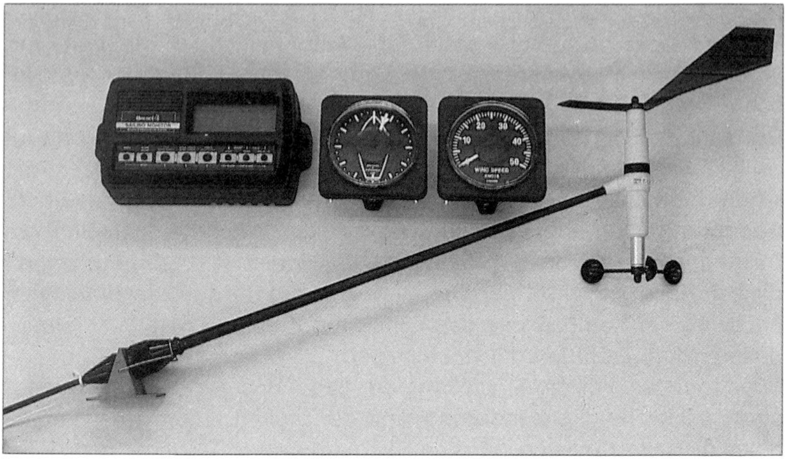

Windanzeigesystem mit analoger Anzeige für Windgeschwindigkeit und Windrichtung. Mit an den Segelmonitor angeschlossenem Speedometer gerät das System am Kartentisch zu einem Segelleistungs-Instrument.

zeigt dem Mann am Ruder, um wieviel Grad eine Kurskorrektur nach Backbord oder Steuerbord notwendig ist.

In dieser Reihe fehlen natürlich noch die Windanzeiger. Die Windgeschwindigkeit signalisiert dem Steuermann, welche Segel er setzen muß. Inzwischen verwendet man vorwiegend LCD-Anzeigen. Die Geber arbeiten ähnlich wie die der Speedometer. Generator-Systeme oder solche mit Reed-Relais, wo ein Magnet einen Schalter betätigt, sind üblich. Die Windrichtung überträgt eine sogenannte elektrische Welle von einer Windfahne auf eine Anzeige. Der Computer verarbeitet die Bootsgeschwindigkeit und die Windrichtung wie auch die Windgeschwindigkeit zur Anzeige der wahren und scheinbaren Windgeschwindigkeit und zu einer Anzeige des besten gutgemachten Weges in Richtung Ziel.

Rüstet man den Masttoppgeber mit einem zweiten Ringwiderstand

aus, mit Abgriffen an Null und jeweils 50 Grad nach Steuer- und Backbord, dann besitzt man eine Am-Wind-Anzeige, die nach demselben Prinzip arbeitet. Solche Windlupen zeigen damit eine Vergrößerung eines bestimmten Sektors der 360-Grad-Anzeige an. Für Kurse hoch am Wind geben sie die Winkel zwischen 20 und 60 Grad auf jeder Bugseite an, vor dem Wind 140 bis 180 Grad.
Oft kommt dann auch noch eine Zeituhr hinzu. Die Uhr wird vom Computer als Chronometer, Stoppuhr und als programmierbare Schaltuhr für den Wetterfunk-Empfänger etc. benutzt. Außerdem verarbeitet er die Programme der Astro-Navigation und dergleichen. Die Frage, ob „analog oder digital", beantwortet der Bord-Computer zugunsten der digitalen Anzeige, da sie meist auch mit digitalen Signalen arbeitet. Eine besondere Schnittstelle entfällt damit.
Hersteller setzen immer mehr Flüssigkeits-, also digitale Anzeiger ein. Solange die Anzeige auch des Analog-Instruments eine Zahl ist, mit der man weiterarbeitet, wie etwa die Boots- oder Windgeschwindigkeit, sind solche Anzeiger auch recht gut. Windrichtungen, also Winkel oder Tendenzen (Beschleunigungen), mit ihnen anzeigen zu wollen, ist dagegen ziemlich absurd. Hier sind Zeigerinstrumente immer noch das beste Anzeigemittel. Auch sie lassen sich auf dem Monitor des zentralen Computers darstellen.

Elektronischer Regatta-Kompaß kombiniert mit einem Windrichtungsanzeiger. Der Kurs wird digital angezeigt, während man die Windwinkel auf der äußeren Skala analog abliest. Aus einer solchen Anordnung wird unmittelbar ersichtlich, wann gewendet werden muß.

Datenverarbeitung

Computer im Büro, zu Hause oder im Auto machen es uns vor: Datenverarbeitung ist nötig. An Bord einer Segelyacht beispielsweise lassen sich die elektronischen Parameter der Segelinstrumente zu verketteten weiteren Daten verarbeiten, die der Skipper sonst prognostizieren müßte. Die Elektronik nimmt ihm das ab – etwa das Koppeln: Über Rechnerschnittstellen bekommt ein Schreiber die Signale von Log und Kompaß. Steuert das Log die Geschwindigkeit des Papiervorschubs und der (auf Kurs einstellbare) Kompaß die Ausschläge nach links und rechts, dann besitzt man damit einen brauchbaren Koppelrechner. Sehr viel besser kann das natürlich der Computer mit Bildschirm, Plotter und Massenspeichern.
Auf einem automatisch arbeitenden Navigationsgerät wie Decca oder

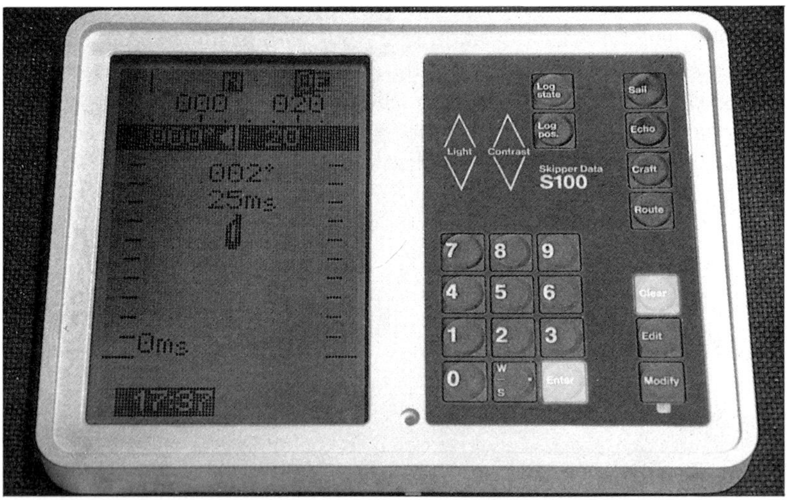

Mit verschiedenen angeschlossenen Gebern eignet sich dieses Gerät mit feingerastertem LCD-Anzeigedisplay und integriertem Tastenfeld zur optimalen Aufarbeitung aller Wind-, Wasser- und Bootsdaten an Bord.

Loran-C kennt der Rechner zu jeder Zeit die Position einer Yacht und kann entscheiden, ob zum Beispiel der Treibstoff noch bis zum nächsten Hafen reicht oder andere wichtige Dinge vorausberechnen. Von beliebig vielen Wegpunkten berechnet der Computer zudem Kurse und Distanzen und ist in der Lage, sogar Abdrift und Stromversetzung mit einzubeziehen. Für den Bordrechner ergibt sich hier ein Betätigungsfeld, das über das Optimieren von Segeldaten gar zur Verwaltung von Daten geht, etwa dem Führen des Log- und Funktagebuches, immer mit der Möglichkeit, über das Tastenfeld (wie früher auch) eigene Eindrücke zu dokumentieren.
Mit dem angeschlossenen Plotter ist es dann auch möglich, für die verschiedenen Windgeschwindigkeiten Polardiagramme (Apfelkurven) herzustellen, die die Bootsgeschwindigkeit für jeden gesegelten Winkel zum wahren Wind aufzeigen. Mit verschiedenen Segelkombi-

Personal-Computer verarbeiten ebenfalls alles, was an Bord von Yachten an Daten zu bekommen ist. Dazu gehören auch Parameter der Motoren und Stromerzeuger. Mit einem Tastenfeld lassen sie sich abrufen.

nationen aufgenommen, sind solche Kurven eine gute Hilfe für die Bestimmung der Effizienz einer Yacht.
Was normalerweise eine Unmenge von Trimmfahrten nötig macht, löst der Rechner sehr viel schneller: mit Hilfe guter Software zeichnet er das Apfeldiagramm, wenn es sein muß auch aus drei gemessenen Punkten, und das für die Praxis noch allemal genau genug.

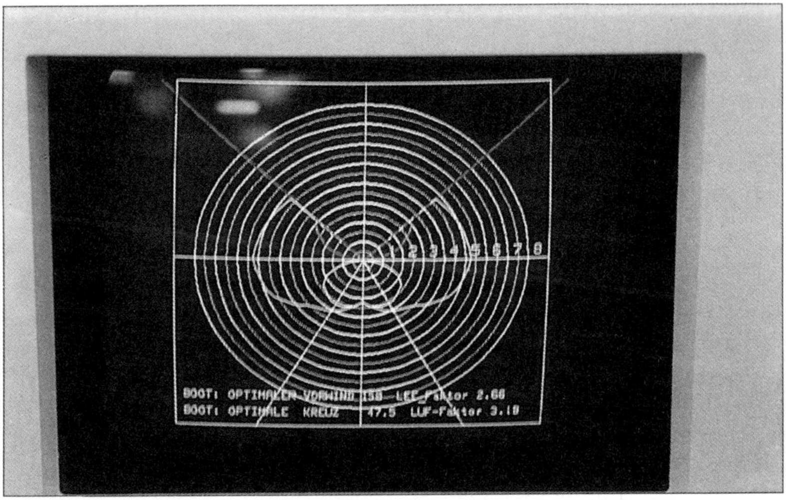

Dieser Monitor zeigt ein sogenanntes Apfel-Diagramm, das der Rechner aus nur wenigen Daten von der Windmeßanlage und dem Log errechnet hat. Das Diagramm gibt die optimale Höhe am Wind und die Geschwindigkeiten auf den einzelnen Kursen an. Die Elektronik macht hier mühsames Zeichnen und Messen von Hand überflüssig.

Autopilot

Elektronische Selbststeueranlagen gibt es von der einfachen für die Pinne geeigneten bis zu aufwendigen Anlagen für Yachten, die auf hydraulischen Rudersystemen arbeiten. Aber selbst eine einfache Pinnenanlage hat schon soviel Elektronik eingebaut, daß sie durchaus in der Lage ist, auch einen Kurzkieler in grober See auf Kurs zu halten. Steuerelement ist in der Regel ein Kompaßsystem, das wie eine Fernkompaßanlage funktioniert. Der einzige Unterschied, der Kurs läßt sich am Kompaß einstellen. Größere Anlagen erhalten ihre Steuerimpulse wahlweise auch von einer Windfahne. Praktisch ist es auch möglich, eine Selbststeueranlage mit dem Decca, Loran C oder Satellitennavigator zu koppeln. Mit eingegebenen Wegpunkten findet eine Yacht dann völlig selbsttätig ihr Ziel. Die für ein Autopilot-System benötigte Krafteinheit arbeitet entweder über Kettentrieb auf das Steuerrad oder ein „Verstellmotor" wirkt direkt auf die Pinne.

Das Foto zeigt einen aufgeschnittenen Pinnen-Autopiloten, so daß seine elektronischen Bauteile sichtbar werden. Der hier verdeckte Motor treibt ein Schneckengetriebe, aus dessen Untersetzung die Anlage ihre Kraft holt.

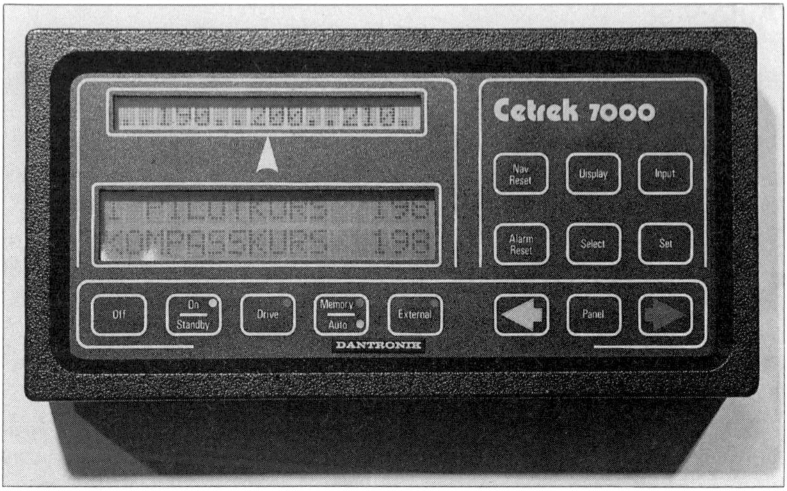

Größere Selbststeuersysteme zeigen Soll- und Istkurs auf eingebauten LCD-Anzeigen. Gierwinkel und sonstige Werte zur Verbesserung der Kursstabilität kann man ihnen über ein Tastenfeld eingeben. Dazu besitzen sie Schnittstellen für den Anschluß von automatischen elektronischen Navigatoren.

Autopiloten sind Kursregelanlagen, die ihre Richtungsinformation letztlich von einer Elektronik erhalten. Bei Kursänderung entsteht eine Differenz zwischen dem beispielsweise vom Kompaß vorgegebenen Istkurs und dem neuen Kurs. Sie ist ein Maß für den neueinzustellenden Ruderwinkel. Eine Differentialschaltung vergleicht dabei Soll- und Istkurs. Über einen Transistorverstärker kommen dann Impulse auf Relais, die den Verstellmotor ansteuern.
Die Größe des Ruderwinkels wird durch ein zwischengeschaltetes Steuergerät bestimmt, nach Luv- und Leegierigkeit des Schiffes, nach Seegang und Wind und dem notwendigen Ruderausschlag, der nötig ist, das Schiff auf richtigen Kurs zu bringen.
Eine Kursänderung kann auch von Hand vorgenommen werden durch

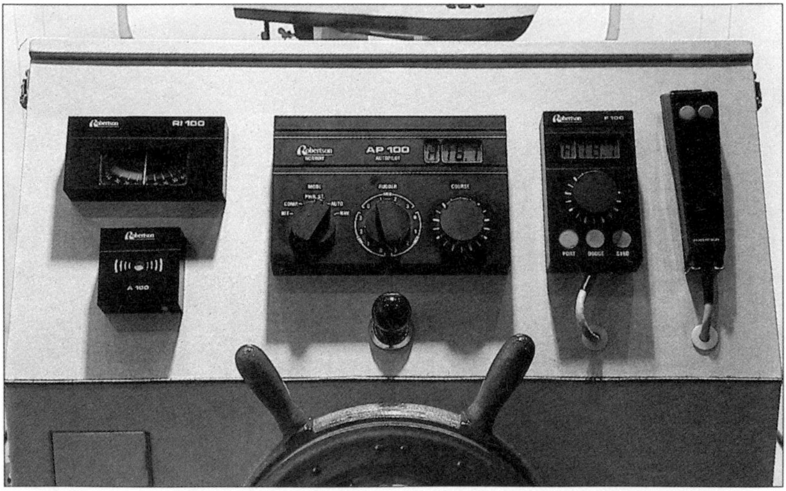

Dieses Selbststeuersystem ist mit Ruderlagenanzeiger (links oben), Alarm (darunter) und Fernbedienung (rechts) ausgerüstet, mit der ein Boot von jedem Platz an Deck aus gesteuert werden kann.

Drehen eines Knopfes am Steuergerät. Für die Giersteuerung wird ein Potentiometer zum Differentialrelais parallelgeschaltet: damit kann man die Ansprechempfindlichkeit verändern.

Selbststeueranlagen arbeiten sehr effektiv. Ein Nachteil für Segelyachten ist nur ihr permanenter Stromverbrauch. Dennoch werden Autopiloten in absehbarer Zeit wichtiges Bauteil in von Elektronik gesteuerten Systemen an Bord sein. Mit ihnen nämlich wird die elektronische Schiffsführung erst perfekt. In dem Gesamtsteuersystem bilden sie sozusagen die Schnittstelle zwischen Steuerelektronik und Kraftelektrik.

Inzwischen gibt es eine Norm, die den Anschluß an Computern (Kreisel-)Kompassen, Satnavs, Loran C und weitere elektronische Navigationshilfen möglich machen soll. Die Norm heißt NMEA 0183.

Sonnengeneratoren gibt es in allen möglichen Bauformen. Diesen hängt man, wenn die Sonne scheint, ins Rigg. Bei Nichtbenutzung wird er zusammengefaltet und beansprucht dann nicht mehr Platz als das Logbuch.

Solarzellen

Sie können zwar nicht das gesamte Bordnetz mit Energie versorgen, doch hat ihre Stromausbeute einen guten Standard erreicht: Solar-Generatoren, jene „optoelektronischen" Apparate, die Sonnenenergie auf direktem Wege in elektrischen Strom umwandeln.
Technisch gesehen sind Solarzellen n-p-Silizium-Flächendioden mit einer ganz besonders dünn ausgeführten n-Schicht. Einfallendes Licht setzt den in Halbleitern üblichen Vorgang einer Bewegung von Elektronen in Gang: Es entsteht an den Kontakten der Ober- und Unterseite des Elements eine sogenannte Fotospannung. Verbindet man beispielsweise die Kontaktfinger mit dem Minuspol einer Batterie und die ganzflächigen rückseitigen Kontakte mit ihrem Pluspol, dann fließt ein Ladestrom abhängig von der Solarzellenfläche, der Intensität der Sonneneinstrahlung und dem Ladezustand der Batterie.

Diese in einen Deckslüfter eingebauten Solarzellen treiben einen kleinen Lüfter, der einen konstanten Luftaustausch unter Deck sicherstellt. Seine geringe Leistung macht er durch seinen Dauerlauf wett und ist damit effektiv.

Eine einzelne Solarzelle (ihre Fotospannung beträgt 0,5 Volt) ist natürlich für eine Spannung der Bordbatterie viel zu klein. Durch Reihenschaltung, wodurch sich die Spannungen addieren, und durch Parallelschaltung, wodurch sich als Summe die Höhe des Ladestroms ergibt, erhält man, was der Skipper als Solargenerator-Modul kaufen kann.

Solche Generatoren sind mehr oder weniger seefest eingegossen und werden durch einen Rahmen gehalten.

Solarzellen sind teuer. Neben den anfangs nur aus Einkristallen hergestellten Zellen verwendet man inzwischen aber auch polykristalline Zellen, die durch Aufdampfen von Silizium gewonnen werden. Das ist eine billigere Methode. Monokristalline Solarzellen dagegen werden aus einem aus einer Silizium-Schmelze „gewachsenen“ Kristallblock geschnitten, in der Regel zu runden (sehr dünnen) Scheiben.

Mit geeigneten Halterungen schraubt man sie auf das Deck, auf den

schrägstehenden Spiegel, oder man montiert sie auf den Heckkorb. Eine Alternative zum vom Hauptmotor angetriebenen Generator sind sie nicht. Das liegt an der auf Yachten nur kleinen unterzubringenden Fläche. Die Segelfläche wäre nötig, um das gesamte elektrische Bordnetz mit Solarstrom zu versorgen.
Mögliche Abschattungen durch die Segel und das Segeln auf dem für die Sonnenstrahlen ungünstigen Bug verringern ihren Wirkungsgrad außerdem. Für eine Erhaltungsladung der Batterien und für den Notbetrieb (am Tage) eines Funkgerätes zum Beispiel sind sie indes hervorragend geeignet. Als Module von der Größe eines Luks stören sie an Deck kaum, und ihr Betrieb ist praktisch wartungsfrei. Am Mittelmeer kann ein zirka 60 mal 30 Zentimeter großes Modul ungefähr vier Amperestunden pro Tag liefern.
Je weiter man jedoch nach Norden segelt, desto weniger Energie kann man einplanen. So rechnet man auf der Nord- und Ostsee mit nur 2,4 Amperestunden pro Tag. Dennoch ist ein Laderegler nötig, der die Batterie vor Überladung bewahrt und gleichzeitig einen Rückstrom nachts, wenn nicht geladen wird, verhindert.

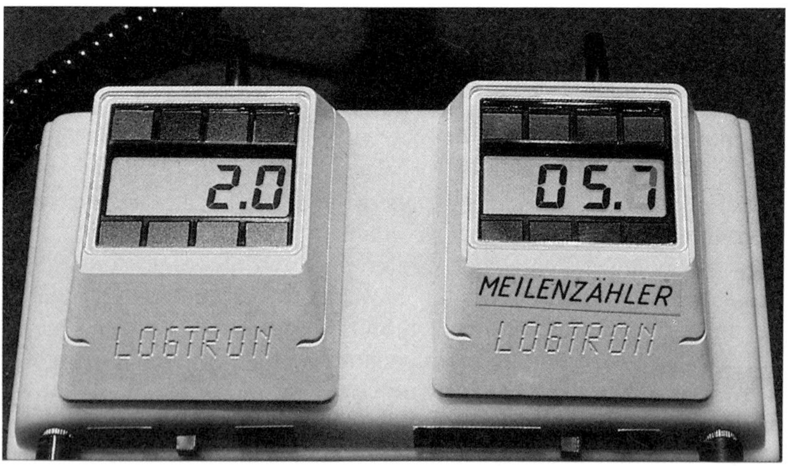

Elektronische Instrumente benötigen nur geringen Strom. Die hier eingebauten Solarzellen reichen für eine Anzeige der gefahrenen Meilen aus.

Diebstahlsicherung

Diebstahl-Alarmanlagen für Boote gibt es genug. Fast alle basieren auf Systemen für Haus und Auto und geben damit erst Alarm, wenn bereits Bruch gemacht worden ist.
Ihre Alarmgeber sind in der Regel Kontaktschalter oder infrarotgesteuerte Sensoren. Mit Kontakten kann man Deckel und Luken schützen, mit Infrarotsensoren geschlossene Räume. Beide sollten daher auf Booten kombiniert eingesetzt werden, denn ist ein Luk erst einmal aufgebrochen und ein Hafenpirat unter Deck, hat er damit oft mehr Schaden angerichtet, als mitgenommenes Fernglas und Radio selbst wert sind.
Auch die verwendeten Alarmmelder sind nicht so effektiv, wie man sie sich wünscht. Ein losbrüllendes Horn, das hat sich leider gezeigt, schreckt Diebe wenig, zumal es bald wieder aufhören muß, damit es desinteressierte Nachbarn nicht stört. Aufmerksamkeit können solche akustischen Melder nicht mehr so recht wecken – auch wenn sie von Lichtblitzen und ähnlichem unterstützt werden. Es fehlt der direkte

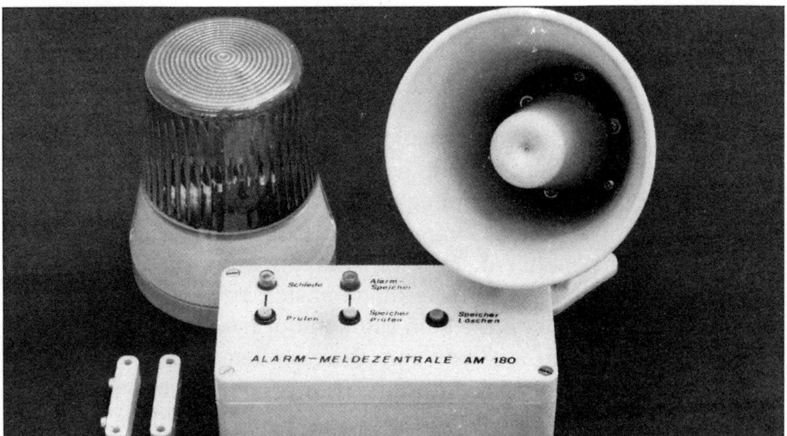

Elektronische Diebstahlsicherung: Versteckte Magnetschalter im Schiff lösen einen akustischen Alarm aus und starten eine auffällige Signallampe.

Draht zu den Organen, die Diebe und Vandalen dann auch dingfest machen. Hier haben sich Sicherheitstechniker etwas einfallen lassen. Ein solches Diebstahl-Alarmsystem erfordert jedoch eine spezielle Ausrüstung der Yachthäfen mit einer Empfangs- und Meldezentrale: Jede an Bord installierte Alarmanlage kann mit einem Sender ausgerüstet werden, der codiert nach Hafen, Steg und Liegeplatz den Alarm per Funk von Bord auf eine Tag und Nacht von einem Wachmann besetzte Zentrale gibt. Über einen Wachzentralrechner ist das Lokalisieren des alarmgebenden Bootes kein Problem – eine gezielte Lenkung der Polizei zum Einbruchort ebenfalls nicht. Eine Erweiterung dieses Konzepts bietet Sicherheit auch in fremden Häfen, vorausgesetzt, auch sie sind mit diesem System ausgerüstet. Der Yachteigner braucht lediglich den Liegeplatz in die Sendercodierung einzugeben und ist dann wie zu Hause „gesichert".

Regatta

Seit Januar 1983 können Regattasegler alles, was ihnen an elektronischen Hilfsmitteln vorher untersagt war, hemmungslos an Bord benutzen: Regel 12 des Offshore Racing Councils (ORC) wurde ersatzlos gestrichen. Zwar waren bis dato schon elektronische Geräte erlaubt, indes solche, die mehrere Parameter miteinander verknüpfen oder gar rechnen, waren verboten. Computer etwa oder automatische Navigationsgeräte wurden allenfalls zum Training benutzt. Das ist jetzt anders, und eine Vielzahl von Geräten hat sich inzwischen auf Regattayachten etabliert, ohne die kein Blumentopf mehr zu gewinnen ist. Olympische Dreiecke werden von Dickschiffen kaum noch ohne Decca-Navigator absolviert. Mit den eingegebenen Wegpunkten liegen die zu steuernden Kurse fest. Ohne Leistungsinstrumente, Jumbo-Displays und Rechner für die Kalkulation von der Kante läuft

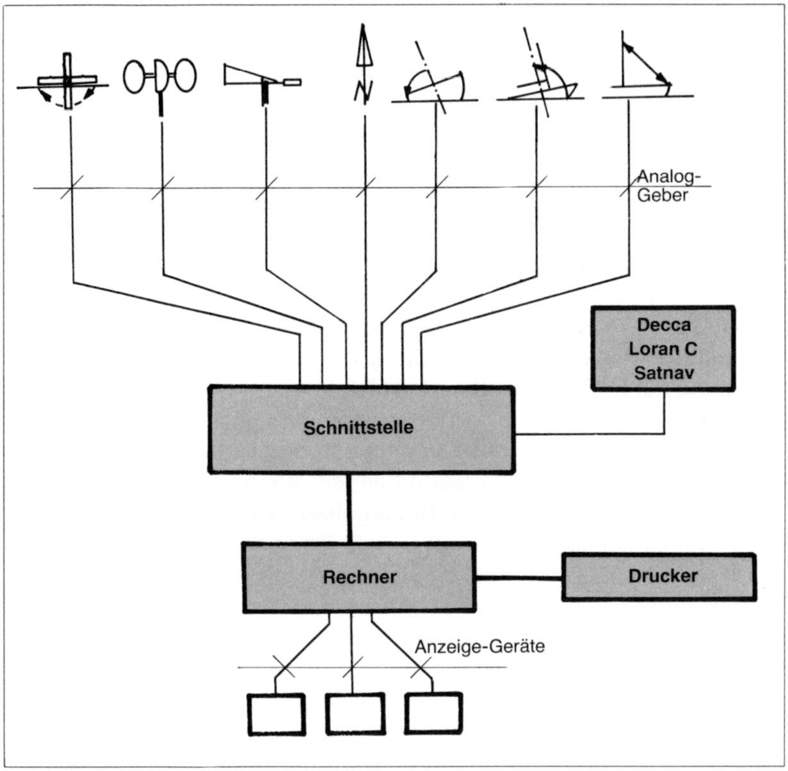

Auf Regatta-Yachten ist der Bordrechner geradezu prädestiniert, Schiffsdaten zu verarbeiten. Dazu gehören auch Parameter wie Krängung und Stampfbewegungen des Schiffes. Selbst die Vorstagspannung wird hier wichtig. Ein angeschlossener Drucker dokumentiert alle Computerdaten, so daß eine Analyse an Land möglich ist.

nichts mehr. Auch das Gewicht des Navigators wird hoch in Luv gebraucht; seine Standortbestimmungen macht er aus dem Cockpit. Zum Optimieren der Segelleistung ist der Computer an Bord denn auch kein Neuling, und mehr segelspezifische Parameter hat er zu verarbeiten, wie Krängung und Spannung des Vorstags. Kalkulationen wie optimales Kreuzen vor dem Wind sind sein täglich Brot. Regatten sind deshalb nicht einfacher geworden, wenn man die Bordelektronik als Ganzes sieht, aber doch wohl sicherer. Hier werden elektronische Spezialitäten aus dem Regatta-Alltag beschrieben.

Regatta-Instrumente

Auf Wettfahrt-Yachten gefahrene Elektronik ist vom Prinzip her nichts besonderes. Hier interessieren die gleichen Wind- und Wasserparameter wie auf Fahrtenyachten; das gleiche gilt für die Navigationsdaten. Gleichwohl werden die Prioritäten anders gesetzt.
Am Beispiel eines Admiral's-Cuppers soll dargestellt werden, wo die Wertigkeiten der einzelnen Geräte liegen. Als erster Apparat kommt der Decca-Navigator an Bord. Neben einer exakten Positionsbestimmung (für Dreiecke ebenso wichtig wie für Langstrecken) gibt dieses Gerät auch die Geschwindigkeit über Grund an. Zusammen mit einem Speedometer (hier verläßt man sich wohl nur noch auf die an Genauigkeit alles übertreffenden Sonic-Speed-Geräte, die mit Ultraschall arbeiten) sind dann die Bestimmung von Stromversetzung und Abdrift kein großes Problem mehr.
Über ein spezielles Interface auf den Zentral-Computer gebracht, sind diese Werte direkt ablesbar. Überhaupt scheint auf Regatta-Yachten der Trend weg vom Einzelgerät und hin zum integrierten System die beste Lösung: Einmal kann so jedes Crewmitglied sein spezielles Instrument am „Arbeitsplatz" bekommen (so etwa der Segeltrimmer eine Loglupe vorn am Mast), zum anderen hat man die Möglichkeit, alle anfallenden Daten zentral in einem Rechner verarbeiten zu können. Ein weiterer Vorteil ist, daß alle Anzeigegeräte wirklich das gleiche anzeigen. Anzeigedifferenzen ärgern ja schon, wenn für jede Luvseite des Steuermanns ein Kompaß ins Seitendeck gebaut wird. Zwei Töchter vom Mutter-Kompaß gespeist sind da besser.

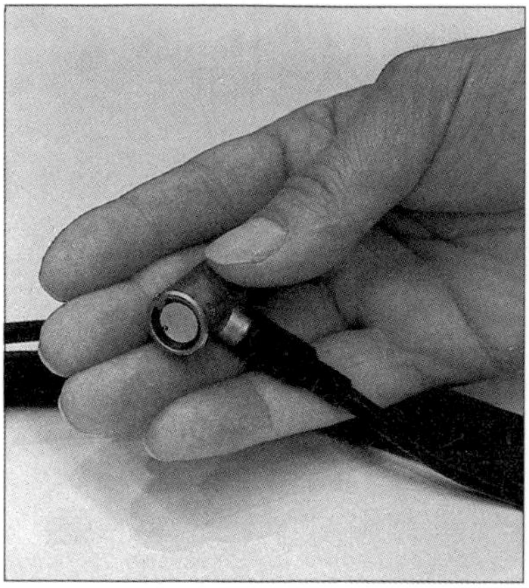

Kleine Ultraschallsonden zur Messung der Bootsgeschwindigkeit können so in dem Rumpf eingebaut werden, daß sich an ihnen keine geschwindigkeitshemmenden Verwirbelungen bilden.

Als drittes Gerät in der Wichtigkeitsreihe gilt das Echolot. Besonderen Wert legen Regattasegler da auf extreme Genauigkeit in flachem Wasser. Benutzt wird es vorwiegend, um schmale Fahrwasser bis zum letzten Zentimeter Wasser unter dem Kiel auszusegeln und natürlich zur Navigation, wenn man sich im Nebel an einer Tiefenlinie „entlangfühlt". Da alle neuen Karten Meterlotungen haben, genügt eine Meteranzeige.

Ein Alarmgeber ist für Navigator und Taktiker ebenfalls wichtig, da sie an Deck mitarbeiten müssen. Decca-Gerät, Speedometer und Echolot gehören damit ins Cockpit. Windmeßgeräte natürlich auch; aber da überlegt man (zumindest auf kleinen Yachten), ob die überhaupt notwendig sind. Das Problem ist die Masttoppeinheit, deren Gewicht am langen Hebel des Mastes einige Kilogramm mehr am Ballastkiel nötig macht (und Gewichtsparen ist das A und O beim Regattasegeln). Auf großen Yachten indes werden auch Windrichtung und -geschwindigkeit auf den Rechner gegeben. So schließlich bekommt man deren wahre Werte (und nicht nur die scheinbaren).

Windmeßgeräte für die wahre Windrichtung gibt es indes auch als Einzeleinheiten, die man wohl nur auf kleinen Regattabooten einsetzt.

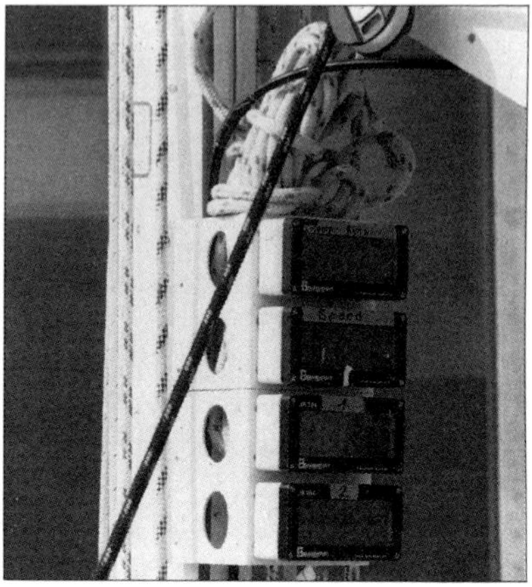

Sogenannte Jumbo-Anzeigen am Mast sind von allen Crewmitgliedern gut abzulesen. Sie sparen zusätzliche Tochterinstrumente.

Hier haben sich sogenannte Jumbo-Anzeigegeräte eingeführt, die am Mast montiert, von der gesamten Crew beobachtet werden können. Das spart eine Vielzahl von Tochterinstrumenten (und damit Gewicht). Diesen Instrumenten kann man auf Knopfdruck alle wichtigen Parameter abfragen wie Bootsgeschwindigkeit, Beschleunigung (Loglupe), Windgeschwindigkeit und -richtung und auch deren wahre Werte (wenn sie mit den Speedowerten gekoppelt sind). In der Regel sind diese Jumboanzeigen Digitalinstrumente, die zwei Stellen hinter dem Komma anzeigen.

Große Bedeutung müssen Regattasegler frühzeitigen Wetterberichten beimessen. Ein Wetterempfänger oder besser noch ein Morsedecoder (für genauere und aktuellere Wetterberichte der Berufsschiffahrt) kommt damit als fünftwichtigstes elektronisches Gerät unter Deck.

Erst jetzt erscheint das UKW-Sprechfunkgerät in der Prioritätenliste, obgleich es für viele Regatten vorgeschrieben ist. Die Antenne nämlich, die eigentlich wegen der Reichweite in den Masttopp gehört, stört Regattasegler auch hier wegen ihres Gewichts. Sie wird deshalb meist am ausladenden Spiegel von Rennyachten gefahren.

Fehlt noch der Kompaß: Er steht hier nur an letzter Stelle, weil in der

Regel ein großer Magnetkompaß gefahren wird. Aber auch der kann unter Umständen als Fernkompaß ausgelegt sein, für Tochteranzeigen am Navigationsplatz und über der Koje des Skippers. Vielfach besitzt er auch Schnittstellen für den Bordrechner etc. Dann nämlich kann man dem Steuermann ein Instrument geben, das lediglich einen Zeiger enthält, der mit einem Skalenstrich in Deckung gebracht werden muß. Das ist für den Mann am Rohr weniger ermüdend als das Ablesen einer Kompaßrose. Wenn dann noch die Steuermarke vom Navigator jeweils auf den abzufahrenden Kurs zu stellen ist (elektronischer Kompaß), dann wird der Rudergänger viel sicherer auf Kurs bleiben, als mit einem herkömmlichen Nordanzeiger.

Taschenrechner

Taschenrechner entwickeln sich auf Regatta-Schiffen immer mehr zum „Kalkulator für die Kante". Der Navigator eines modernen Racers hält sich während einer Wettfahrt selten noch am Kartentisch auf (der fehlt meist ohnehin), vielmehr wird auch das Gewicht des Navigators hoch in Luv gebraucht. Da bieten sich kleine programmierbare Taschenrechner an, die unter Umständen mit Drucker und Modulen zur Erhöhung der Speicherkapazität oder solchen mit fertigen Programmen noch erweitert werden können. Mit verschließbaren Hüllen aus transparentem Weichplastik wasserfest gemacht, benötigen diese Rechner dann nicht mehr Wartung an Bord als der Sextant auch.
Trotz einer kaum zu übersehenden Vielfalt an Modellen und Programmiermethoden haben Taschenrechner vieles gemein: Sie gleichen sich alle in ihrem Befehlsvorrat (Rechen-, Speicher-, Rückruf-, Sprung-, Vergleichsbefehle etc.), so daß es auf den Benutzer ankommt, welchem Rechner er an Bord den Vorzug gibt. Bewährt haben sich robuste Geräte wie der HP 41 oder der HP 71, weniger resistent gegen die rauhen Bedingungen an Bord zeigten sich der Sharp PC 1251 und der Casio FX 702 P.
Die kleinen „Portables" kann man leicht in einer Tasche des Segel-

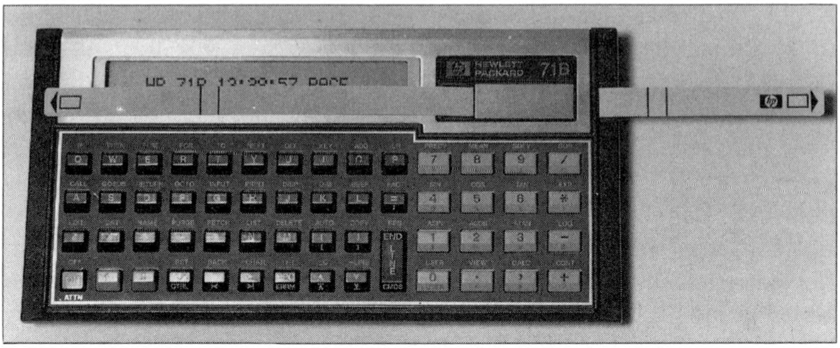

Auf Am-Wind-Kursen wird das Gewicht des Navigators auf der hohen Kante gebraucht. Seine Kurse rechnet er hier mit einem programmierbaren Taschenrechner.

overalls stauen und von Deck aus alle möglichen Rechnungen durchführen, die früher am Kartentisch mit Karte und Dreieck vorgenommen wurden. Von der Kante ist dann auch die Kommunikation zu Steuermann und Taktiker besser. So die Angabe des scheinbaren Windes auf dem nächsten Kurs: Der kann zwar von jedem Rechner, der trigonometrische Funktionen „drauf hat", gerechnet werden, mit einem kleinen Programm ist es jedoch einfacher, was sich besser noch bei den Stromberechnungen zeigt, nach denen Vorhaltekurse und Wendepunkte bestimmt werden.
Die Frage, wie er seinen Taschenrechner auf Dreiecken einsetzt, beantwortet Admiral's Cup-Navigator Erik von Krause so: „Ein Programm ermöglicht mir die Bestimmung der Tonnenpositionen bei olympischen Dreieckskursen. Normalerweise wird der erste Kurs erst kurz vor dem Start angegeben, ebenso, ob der Kurs rechts- oder linksherum gesegelt werden soll. Früher mußte ich das Dreieck in die Karte konstruieren, die Tonnenpositionen herausgreifen und in den AP-Navigator eingeben. In meinen Taschencomputer gebe ich die Startposition, den ersten Kurs und die Länge der Kreuzstrecke ein – das Ergebnis sind die Positionen der Luv- und Raumtonne sowie die

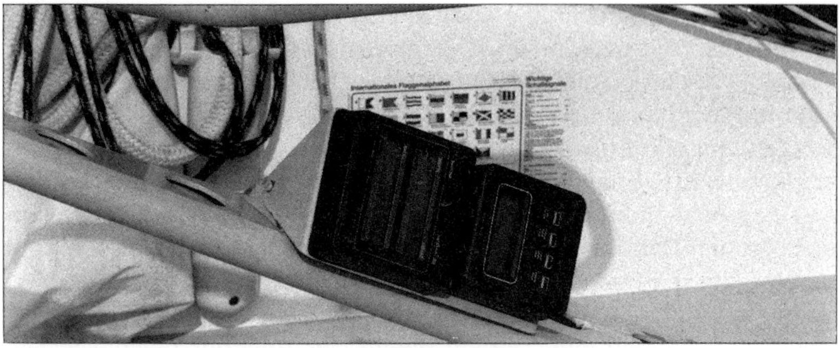

Die Tochteranzeige des AP-Navigators wurde hier zusammen mit einem Vielfach-Instrument umklappbar auf der Pinne angeordnet. Navigator und „der Mann am Lenker" können die wichtigsten Segeldaten so aus Luv ablesen.

einzelnen Kurse und Distanzen – und das in Sekundenschnelle. Da ich meinen Rechner auch an einen kleinen Drucker anschließen kann, lasse ich mir die Werte ausdrucken. Die Positionen gebe ich in das Decca-Gerät ein und bin nach einer Minute fertig, um meinen Job an Deck wahrnehmen zu können."

Zentraler Datenrechner

Mit moderner Yachtelektronik stellt sich für die Mannschaft einer Rennyacht weniger die Frage nach dem jeweiligen Standort, viel gravierender ist die Frage geworden: „Wird das Boot während einer Wettfahrt immer optimal gesegelt?" Besonders auf Langstrecken hilft der Bordcomputer einer übermüdeten Crew, denn er braucht keinen Schlaf.
Permanent wird er mit allen an Bord vorhandenen Daten gefüttert, die er dann mit einer speziellen „Performance-Software" auswertet.

Als zentrale Datenrechner eignen sich vorzugsweise Personalcomputer, die man mit geeigneten Maßnahmen den Verhältnissen an Bord anpaßt (12-Volt-Bordspannung, wasserdichter Kasten). Als sogenannte Blackbox und ausgerüstet mit den geeigneten Schnittstellen werden ihm die verschiedensten Parameter eingegeben: So bekommt er Signale vom Speedometer, erhält Einfallwinkel und Geschwindigkeit des scheinbaren Windes, dazu die Krängung des Bootes vom elektrischen Clinometer, Kompaßkurs, von Dehnungsmeßstreifen am Vorstag dessen Spannung und von einem speziellen Geber, der nach dem Pendelprinzip arbeitet, die Stampfbewegungen des Schiffes sowie den Längstrimm. Daraus macht der Rechner beispielsweise Polardiagramme (Apfelkurven) für jede Windstärke und jeden Seegang.
Die verschiedenen Vorstagspannungen auf den unterschiedlichen Kursen geben dem Segeleinsteller Hinweise über die Profiltiefe der Segel. Denn das ist das Prinzip solcher Regattacomputerei: auf so vielen Trimmfahrten wie möglich alle vorkommenden Kurse bei unterschiedlicher See und allen Windstärken zu fahren und das mit der unterschiedlichsten Segelgarderobe.
Sehr schnell hat man dann Listen oder eben auch Polardiagramme, nach denen man während einer Wettfahrt die optimale Geschwindigkeit des Bootes einrichten kann. Der Computer vergleicht fortlaufend die Bootsgeschwindigkeit (in der Regatta) mit den optimalen während der Trimmfahrten gewonnenen Werte. Natürlich müssen ihm dazu noch einige Daten von Hand eingegeben werden, wie etwa die Stellung des Travellers und der Genua-Holepunkt.
Eine „Rückkopplung“ mit den Konstrukteuren einer Yacht kann dann für nachfolgende Bauten sogar auch zum Optimieren der Bootslinien führen. Geschwindigkeitsvorhersagen, die Konstrukteure nach ihrem Linienriß von einem Computer berechnen lassen, können mit den tatsächlich gefahrenen, vom Bordcomputer gespeicherten, verglichen werden und sind damit Grundlage für immer bessere Prognosen.
Auf einem Monitor im Cockpit sind mit dem Zentral-Rechner dann alle „Spielchen“ möglich, die eine Regatta-Mannschaft so braucht; denn

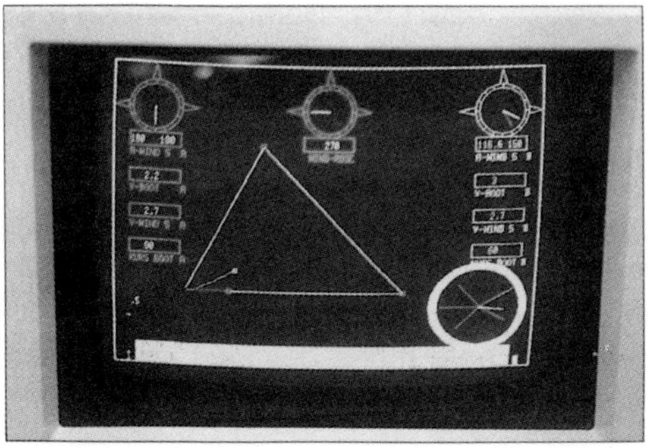

Mit Computerhilfe ist es möglich, immer den optimalen Kurs zu steuern. Dieses Bildschirm-Diagramm des Bordmonitors gibt den besten Winkel vor dem Wind an, den eine Yacht steuern muß, um schneller als platt vor dem Laken im Ziel zu sein.

automatische Navigationsgeräte, wie Decca, Loran C oder Satnav bekommt er natürlich angeschlossen. So plottet er den zurückgelegten Weg des Bootes mit, wobei interessante Daten wie Windrichtung etc. grafisch angezeigt werden. Über sein Tastenfeld holt sich der Wettfahrt-Taktiker vor jeder neuen Kreuz den Plot der vorausgegangenen und entscheidet danach, welche Seite des Kurses die bessere ist. Analog zeigt der Monitor vor dem Wind den optimalen Kurs auf beiden Bugen, was besonders bei leichtem Wind relevant wird, wenn das Schiff schneller vor dem Wind kreuzt, als es platt vor dem Laken läuft. Anhand einer solchen Vor-dem-Wind-Grafik kann der Winkel höher als direkt vorm Wind zudem permanent optimiert werden.

Wie wichtig eine angelegte Datenbank aller während der Trimmfahrten gesegelten Werte ist, zeigt sich besonders auf olympischen Dreieckskursen. Auf Grund dieser Werte kann man den Computer schon vor dem Runden einer Tonne sämtliche Daten zur Einstellung des Riggs und der Segel abfragen: der Rechner „kennt" die Positionen von Boot und Bahnmarken. Er „weiß", wie der scheinbare Wind auf dem neuen Kurs einfällt und mit welcher Geschwindigkeit. Die Yacht segelt nach dem Runden sofort wieder optimal.

Da gerät die Bestimmung der verschiedenen Strömungen des Wassers zur leichten Übung: Kurs über Grund gibt der Decca-Navigator,

Geschwindigkeit durch das Wasser das Log. Damit kalkuliert der Rechner den Oberflächenstrom.
Schon ist es möglich, Segeldiagramme von computergeschneiderten Segeln zu speichern, die das Verhalten eines Segels bei unterschiedlichem Winddruck darstellen. Der zentrale Datenrechner an Bord kann sie mit den tatsächlich gefahrenen Profilen vergleichen und der Segelmacher damit seine Segel verbessern.
Nur vorausberechnen, wo der günstigste Wind weht auf einem Regattakurs, das können elektronische Rechner nicht. Das muß man immer noch „von Hand" an Bord entscheiden.

Periphere Systeme

Jeder Sender und Empfänger ist so gut wie seine Antenne. Dieser aus den Anfängen der Funktechnik stammende Satz gilt für moderne Yachtelektronik immer noch – und hinzufügen kann man: ... und wie seine Erdung.
Eine gute Erdung ist für fast alle festeingebaute Elektronik an Bord wichtig: Sie funktioniert oft nur mit einer solchen Verbindung zum Wasser einwandfrei. Ohne gute Antenne und sichere Erde macht beispielsweise der Decca-Navigator „Sprünge" und ist damit keine sichere Navigationshilfe mehr.
Das gleiche gilt für die Entstörung von Geräten. Wenn es im Wetterfunkempfänger pfeift und das Echolot unglaubliche Tiefen mißt, dann sind elektromagnetische Störsender an Bord, die man entschärfen muß.

Antennen

Empfangsantennen sind relativ einfach an Bord zu realisieren: An die zu empfangenden Frequenzen paßt man sie mit Hilfe von Spulen (Verlängerung) und Kondensatoren (seltener vorkommende Verkürzung) an. Für die Grenzwelle des Wetterempfängers reicht indes nicht einmal das Achterstag einer größeren Yacht, für die Notfrequenz 2182 kHz beispielsweise sind für $\lambda/4$ bereits 34 Meter Draht nötig. So empfängt man „unangepaßt" und schaltet allenfalls für die Langwellen des Decca-Navigators ein Anpassungsglied zwischen Achterstag und Antennen-Zuleitung. Die Nachteile einer zu kurzen Grenzwellen-Antenne kompensieren Wetterempfänger mit höherer Eingangsempfindlichkeit. Stabantennen sind in der Regel immer angepaßt.

Empfangsantennen sind unkritisch in ihrem Aufbau, weil sie nicht selbst strahlen. Das wird anders, sobald Sendeantennen an Bord sind. In ihre Nähe darf man keine anderen Antennen bringen; besonders nicht, wenn die mit Frequenzen ähnlicher Größenordnung arbeiten. Sie stören sich. Sogenanntes Entkoppeln ist jedoch möglich, wenn die Sendeantenne beispielsweise vertikal, die Empfangsantenne dagegen horizontal angebracht wird.

Die Antennen-Zuleitung bringt Probleme, weil die Antennenspannung möglichst ohne Verluste an das Gerät gebracht werden soll. Eine abgeschirmte Leitung führt Störungen zur Erde ab, „dämpft" aber die Leistung der Antenne. Für weniger Verlust sind abgeschirmte (Coaxial-)Kabel nur für anzupassende Antennen gut, die die gleiche Impedanz (50 Ohm) wie Kabel und Geräte-Eingang haben. Hochohmigen und damit unangepaßten Drahtantennen führt man besser unabgeschirmte Kabel zu.

Neben solchen Antennen mit Rundumcharakteristik kommen auch Spezialantennen an Bord wie Radome für die Radarortung. Auch für sie, die frei und unbehelligt vom Mast und Rigg in den Äther ragen sollen, muß man auf einer Yacht einen geeigneten Platz finden. Für die meisten Antennen ist das der Masttopp (für Motorboote das Aufbaudach als höchster Punkt über dem Wasser). Hier ist die Antenne

Anpassungsglieder werden oft kombiniert mit einer „Weiche", die zum Beispiel den gleichzeitigen Anschluß von Wetterempfänger und Decca-Navigator möglich macht.

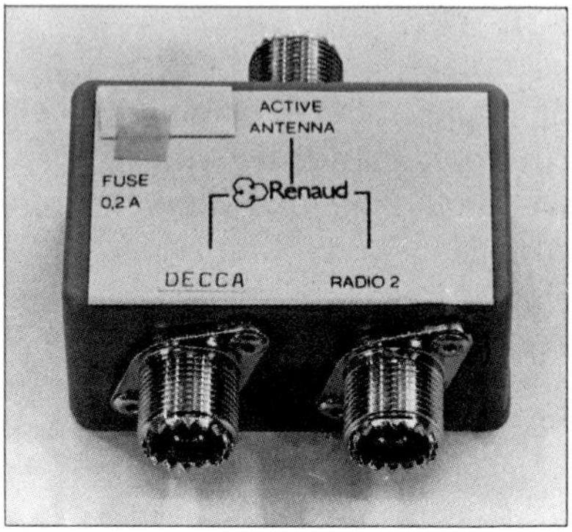

am ehesten heraus aus dem elektromagnetischen „Störnebel" des Schiffes.

Empfangsantennen für Wetterempfänger: Zu empfangener Frequenzbereich 1,6... 4,2 MHz (Wellenlänge 187... 71,5 Meter). Diese zwischen Mittel- und Kurzwelle liegende Frequenz (Grenzwelle) benötigt einen langen Antennendraht. Auf Segelyachten bietet sich das Achterstag an, auf Motoryachten ein Draht zwischen Göschstock und Signalmast (beispielsweise). Grenzwellen-Stabantennen werden seltener verwandt und wenn, dann auf Motorbooten. Bei Metallyachten muß das Achterstag isoliert sein, auf GFK-Rümpfen ist das meist nicht nötig. Dennoch gibt es Grenzwellen-Empfänger, Weltempfänger mit hauptsächlich Kurzwellenbereichen, die besser mit der eingebauten Antenne arbeiten.

Oft ist ihre Eingangsempfindlichkeit so hoch, daß sie „zumachen", wenn sie die hohe Antennen-Spannung des Achterstags bekommen, also nichts mehr geht. Hier ist ein unter Deck ausgelegter Draht besser oder (Stahl- und Alu-Yachten) ein isolierter Relingsdurchzug. Grenzwellen werden wie alle langen Wellen an der Erdoberfläche gebeugt; die Antennenhöhe spielt daher nicht die wesentliche Rolle. Das um zirka 30 Grad aus der Senkrechten liegende Achterstag bietet da richtungsmäßig einen guten Empfangskompromiß für Boden- und reflektierte Raumwellen.

Der „nichtangepaßte“ Anschluß an eine Drahtantenne erfolgt in der Regel mit einer speziellen Klemme.

Antennen für Decca-Navigatoren: Frequenz zirka 100 kHz (Wellenlänge 3000 Meter). Dieser Hyperbelnavigator benötigt eine noch längere Antenne als der GW-Empfänger. Mit Hilfe einer Weiche kann er sich das Achterstag mit dem Wetterempfänger teilen. Eine Antennen-Verlängerung in Form eines Anpassungsgliedes, das Decca-Firmen mitliefern, ist unbedingt nötig. Motorboote kommen mit einer leistungsfähigen Peitschen-Antenne aus.
Sende-Empfangsantennen für UKW-Funktelefone: Frequenzen 30... 300 MHz (Wellenlänge 10... 1 Meter). Ultrakurzwellen breiten sich quasioptisch aus, etwas weiter nur, als der (optische) Horizont es zuläßt. Eine UKW-Antenne sollte deshalb, um eine maximale Reichweite zu erzielen, so hoch wie möglich sitzen; also auf dem Masttopp. Obgleich auch Sendeantenne, stört der UKW-Dipol andere hier sitzende Antennen nicht: Seine Frequenzen liegen weit entfernt von anderen Bordfrequenzen. Außerdem arbeitet Seefunk-UKW frequenz-, alles andere amplitudenmoduliert. Motorboote fahren oft einen extra Stock über dem Masttopp, um aus den von Spundwänden umgebenen Häfen und reflektierenden Aluminium-Masten herauszukommen.
Antennen für SSB-Funktelefon: Frequenzbereich 4,2... 30 MHz Kurzwelle und 1,6... 4,2 MHz Grenzwelle (Wellenlänge 71,5... 10 Meter beziehungsweise 187... 91,5 Meter). Eine SSB-Funkanlage besteht in der Regel aus separatem Sender und Empfänger, die je auf einer

eigenen Antenne arbeiten (Duplexbetrieb). Sende- und Empfangsfrequenz liegen hier dicht nebeneinander, so daß eine „Entkopplung" beider Antennen besonders relevant wird. Störungen nämlich treten sonst durch den eigenen Sender auf, der in die Empfangsantenne einstrahlt. Sende- und Empfangsantenne werden deshalb weit auseinanderliegend montiert. So kann man auf einer Segelyacht, wenn das Achterstag bereits belegt ist, ein Oberwant isolieren und als Sendedraht benutzen. Als Empfangsantenne liegt dann der (isolierte) Drahtdurchzug der Seereling günstig, zumal der eine Draht senkrecht, der andere waagerecht liegt.
Will man Stäbe oder Peitschen verwenden, etwa an Backbord und Steuerbord, dann ist es gut, sie so anzuordnen, daß der Mast sie gegenseitig „abschattet" oder (beim Motorboot) ein Aufbau zwischen ihnen liegt. SSB-Funktelefone benötigen lange Antennen. Zumindest für den Sendedraht ist deshalb eine Anpassung nötig.
Antennen für Satelliten-Navigatoren: Frequenz 400 MHz. Diese im Dezimeterwellen-Bereich arbeitenden Antennen sind sehr klein; ihr Einbauort ist nicht sonderlich kritisch. Einfallende Funkwellen treffen sie ungehindert aus dem Äther. Einen guten Platz finden Satnav-Antennen auf der Saling.
Radarantennen: Frequenzbereich 3... 30 GHz. Antennen für die Radarortung sind sich um eine vertikale Achse drehende Schlitzantennen, die im Bereich der Zentimeterwellen funktionieren. Diese sehr kurzen Wellen verhalten sich quasioptisch, das heißt, ihre Reichweiten liegen UKW-ähnlich knapp über dem optischen Horizont. Von daher sollte eine Radarantenne so hoch wie möglich sitzen. Der Masttopp ist jedoch wegen des hohen Toppgewichts nicht der richtige Platz auf einer Yacht. Vor dem Mast, etwa in Höhe der unteren Saling, sitzt ein Radar-Radom besser, wenn man ihm nicht gleich einen Pfosten als Geräteträger ans Heck stellt – zwei bis drei Meter hoch. Der Abstand zur Radarkimm beträgt bei zwei Metern zwar nur 3,15 Seemeilen, bedenkt man jedoch, daß die meisten Radarziele höher sind als ein flacher Küstenstrich, dann sind zwei Meter Höhe für ein Yachtradar ausreichend.

Außer der Antenne für das UKW-Radiotelefon ist auch die für den elektronischen Navigator im Topp gut aufgehoben. Bei mehreren Antennen und Gebern ist jedoch eine besondere Konstruktion erforderlich.

Motoryachten haben die Radarantenne ebenfalls vor dem Mast installiert. Nur in Augenhöhe und in der Nähe des Rudergängers darf man sie nicht anbringen (wie es etwa auf der Flybridge leicht vorkommt): Die Augen würden Schaden nehmen; im extremen Fall können Hornhautablösungen vorkommen durch den harten Radarstrahl.

Erdung

Die Erdung des elektrischen Bordnetzes war früher keine große Sache: bei Holz- und GFK-Yachten reichte das Seeventil oder ein Kabel zum Motorblock; bei Rümpfen aus Stahl oder Aluminium wurde (und wird) einfach die Außenhaut mit dem Erdungskabel verbunden. Erst die weitergehende Elektronifizierung mit empfindlichen Geräten setzt solch simpler Installation ein Ende.

Eine gute Erdung gerät inzwischen zum wichtigsten Detail beim Einbau eines elektrischen Bordsystems. Sie ist die gut leitende Verbindung eines Gerätes zum Wasser. Eine allgemeine Masseverbindung zum Motor hat im Prinzip nichts mit einer Hochfrequenz-Erdung zu tun. Die ist beispielsweise bei Antennen-Anlagen nötig, die nicht in der eigentlich benötigten Länge ausgeführt werden können. Die Verbindung mit dem Wasser stellt dann das nötige Gegengewicht dar, sozusagen das zweite Bein des an Bord nur einpolig vorhandenen Dipols. Nur in Form eines Dipols ist auch eine Langwellen-Antenne erst komplett, wie ja auch die UKW-Antenne des Radio-Telefons als (hier bereits fertiger) Dipol an Bord kommt.
Auch Störungen von elektrischen Geräten oder aus der Atmosphäre begegnet man mit einer guten Erdung: Ungeerdet überlagern sich solche Störwellen dem Nutzsignal; über eine gute Erde (und geeignete Filter) sondert man sie aus.
Eine wirksame Erde ist auch in der Lage, hohe Spannungen und Ströme abzuleiten, die durch Blitzschlag im Rigg oder in der Nähe entstehen.
Leider ist es schwierig, an einem GFK-Rumpf eine wirksame Erde anzubringen. Nach den Richtlinien des Germanischen Lloyd soll eine Kupferplatte von mindestens 0,2 Quadratmetern an der Außenhaut angebracht werden, die den notwendigen Kontakt mit dem Wasser herstellt. Ein durch die Außenhaut gehender Bolzen dient als Anschluß. Für eine gute Funkerde wünschen sich Gerätehersteller eher eine noch größere Fläche.
Als Yachteigner steht man damit vor einem Problem; denn noch gibt es keine Werft, die ihren Yachtrumpf mit solchen Erdungsplatten ausrüstet. Eine Holzyacht kann mit Metallplatten „beschlagen" werden, doch bei GFK-Rümpfen ist dies schlecht möglich – der Grund –, weshalb man sich immer noch mit Kompromissen zufrieden geben muß.
Kielbolzen und Seeventile sind mithin nicht geeignet, ausreichend Verbindung mit dem Wasser herzustellen. Ihre Flächen reichen nicht aus. Auch mit einer sogenannten kapazitiven Erdung kommt man

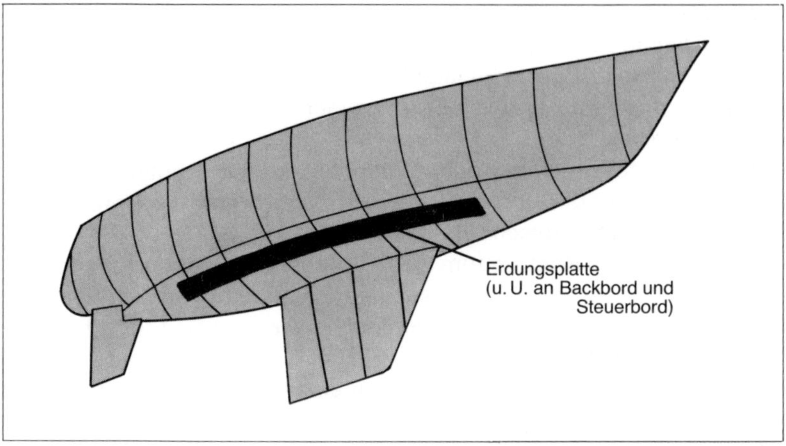

Die beste Erdung ist für Kunststoff- und Holzboote immer noch eine untergeschraubte Erdungsplatte. 0,2 m² sollten hier das Minimum sein. Oft läßt sich ein Metallstreifen besser anbringen als eine quadratische Platte.

nicht weiter. Kapazitiv wirkt eine Erdplatte, die innerhalb des Schiffes unterhalb der Wasserlinie angebracht wird. Da eine GFK-Haut für Hochfrequenz durchlässig ist, funktioniert solch ein System zwar – nur statische Entladungen lassen sich damit nicht ableiten. Das gleiche gilt für den mit GFK ummantelten Kiel: auch eingegossenes Blei ist (nur) eine kapazitive Erde.

Ideal ist nach wie vor eine Erdungsplatte aus Kupfer oder besser eine aus Edelstahl. Da man 0,2 Quadratmeter wegen der Rumpfform oft nur schlecht unterbringen kann, bietet sich ein Streifen von 200 Millimetern Breite und einem Meter Länge an. Voraussetzung ist allerdings die Bereitschaft, die Außenhaut mit vielen kleinen Schraubenlöchern zu belasten. Und davor schrecken die meisten Yachtbesitzer verständlicherweise zurück.

Nur ein Loch benötigt dagegen ein sogenannter „Erdungsschwamm", eine poröse Bronzeplatte, die durch eine Menge Wasser, das sie durchdringt, eine größere Erdungsfläche bietet, als ihre geometrische

Größe das vermuten läßt: 55mal 160 Millimeter entsprechen einer Erdungsfläche von ungefähr 0,75 Quadratmetern. Doch auch mit einer Schwammerde ist man nicht aller Sorgen ledig: ihre Poren setzen sich schnell zu und reduzieren die Erdungsfläche (im ungünstigen Fall auf die geometrische).

Gleich, ob Schwammerde oder Erdungsplatte, ein Kupfer-Unterwasseranstrich kann die Erdungsfläche erhöhen, wenn die Borderdung auf die Kupferfarbe geschraubt wird.

Neben dem guten Kontakt zum Wasser ist die Erdzuleitung zumindest ebenso relevant in einer Erdungsanlage. Hier empfehlen die Ausrüster feinadrige Litzen. Besser indes sind Kabel, wie man sie für Batterieleitungen verwendet: eher dickadrige Litzen, die nur wenig miteinander verdrillt sind. Geflochtene und stark miteinander verdrehte Litzen wirken hochspannungsmäßig wie Drosseln (das sind Spulen, die frequenzabhängig einen Widerstand bilden) und sind mithin nur bedingt geeignet.

Auf Schiffen mit hochwertiger Elektronik installiert man denn auch vorzugsweise Kupferbänder als „Zubringer". 30 Millimeter breite und einen Millimeter starke Bänder sind ideale Hochfrequenzleiter. Dabei sind Winkel zu vermeiden; Überlappungen müssen verlötet werden.

Schwammerden: Durch ihre poröse Struktur ist die Fläche zum Wasser sehr viel größer als ihre Abmessungen vermuten lassen.

Bei mehreren Sendern und Empfängern sollte man zwei Erdungsplatten unterbauen. An die eine (an Backbord) kommen dann alle Empfangsgeräte, während an die andere (an Steuerbord) alle Sender, Radargeräte usw. angeschlossen werden.

Entstörung

Das Nebeneinander von elektronischen Navigationsgeräten, Funkempfängern, Sendern, Generatoren und Reglern auf engem Raum setzt voraus, daß sie sich nicht stören. Alles, was an Bord einen Kabelanschluß besitzt, kann man einteilen in die Kategorie „Störsender" oder „Störempfänger", wobei Störer sich erst dann bemerkbar machen, wenn auch ein Empfänger da ist, der elektromagnetisch reagiert.
Es geht also um Funkstörungen, für die ganz besonders auf GFK-Yachten der Boden bestens bereitet ist. Funkstörungen sind unerwünschte Hochfrequenzwellen, die zusammen mit einem gewünschten Signal, beispielsweise der Aussendung eines Decca-Senders, dem Decca-Navigator zugeleitet werden und dessen Navigations-Computer stören. Hochfrequente Störwellen stören aber auch das Echolot oder den Empfang des Wetterempfängers.
Ausgelöst werden sie durch elektrische „Schaltvorgänge", etwa Transistorzündungen von Leuchtstofflampen, Generatorreglern und so weiter. Sie breiten sich meist entlang der mit ihnen verbundenen Leitungen aus und werden hier (wie von einer Antenne) abgestrahlt. Hersteller elektrischer Geräte sind deshalb angehalten, bestimmte Störpegel nicht zu überschreiten. Diese Grenzen werden nach DIN angegeben mit sogenannten Funkstörgraden G, N und K, wobei der Störgrad K der feinsten Entstörung entspricht.
Entstörmaßnahmen sind entweder Abschirmung oder Löschung. Eine durch Abschirmung wirksame Entstörung strahlender Störer bedeutet, durch lückenlose und leitfähige Umhüllung der Störer und aller mit ihnen verbundenen Leitungen die elektromagnetischen Störnebel

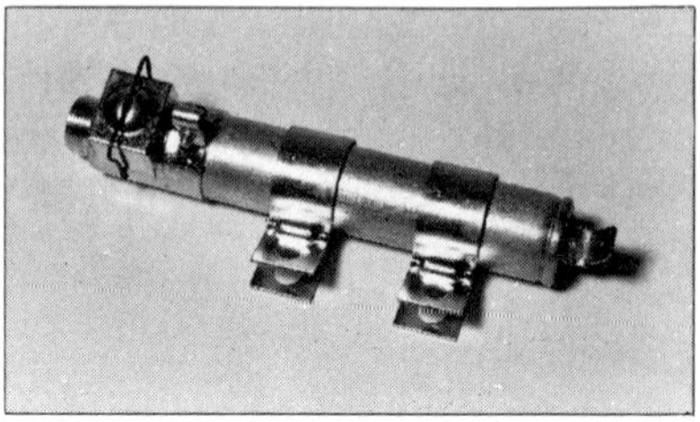

Mit solchen Kondensatoren, die in die Zuleitungen elektronischer Geräte geschaltet werden, ist eine Störfrequenzlöschung möglich.

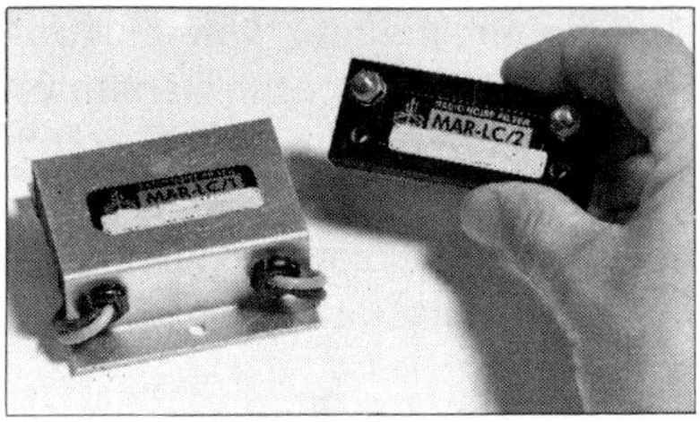

Entstörfilter haben Kondensatoren und Spulen eingebaut. Störwellen werden von ihnen über die Erdung abgeleitet.

an eine genügend große Borderde zu führen. Dazu gehören abgeschirmte Kabel. Eine Abschirmung der Kabel und Leitungen besteht aus einem Kupfergeflecht sowie der ebenso nötigen Abschirmung der Geräte aus metallenen oder metallbeschichteten Gehäusen.
Wichtig dabei ist eine gut leitende Verbindung aller Abschirmungen untereinander, so daß die gesamte Anlage praktisch einen Käfig darstellt, der keine Störfrequenz mehr durchläßt. Erst wenn alle Abschirmteile an Schiffsmasse oder an einer einwandfrei installierten Erdungsplatte angeschlossen sind, ist diese Art der Entstörung wirksam.
Eine Störfrequenzlöschung an Geräten wird mit Kondensatoren und mit Entstörfiltern vorgenommen. Das Prinzip dieser Entstörung ist, die Störwellen durch den Kondensator zur Masse abzuleiten. Das muß auf dem kürzesten Wege geschehen. Für Entstörungen im Kurzwellen- und UKW-Bereich kommen sogenannte Durchführungskondensatoren, die als Entstörfilter eine zusätzliche Drosselspule enthalten, zum Einsatz. Sie verhindern das Eindringen von Störwellen ins Leitungs-

netz. Für alle anderen Wellenbereiche benutzt man Parallelkondensatoren.
Yachtelektronik ist meist überhaupt nicht entstört, allenfalls nach dem Funkstörgrad G (Grobentstörung). Dazu kommt, daß alle Funkstörgrade (ob G, N oder K) nach VDE 0875 lediglich für den Frequenzbereich 150 kHz bis 30 MHz festgelegt wurden. Hier aber beginnen erst die Bereiche, mit denen einige Geräte an Bord von Yachten arbeiten, wie zum Beispiel Decca und Loran C, die Frequenzen um 100 kHz benutzen.
Besondere Maßnahmen sind deshalb nötig, zumal man mit abgeschirmten Kabeln und vernünftigen Erdungen selten an Bord von Yachten rechnen kann. Störwellen in diesem von Yachtnavigatoren benutzten Frequenzspektrum breiten sich vorwiegend auf dem Leitungswege aus. Und während „normale" Entstörelemente Störfrequenzen oberhalb 150 kHz womöglich bereits ausgekoppelt haben, gibt es im Yachthandel besondere Entstörfilter, die den noch verbleibenden Rest an Störungen ausfiltern. Heulen in Empfängern, das sich mit der Drehzahl der Lichtmaschine in der Tonhöhe verändert beispielsweise. Oder regelmäßige klopfende Geräusche, die mal schneller, mal langsamer werden. Solche Störungen kommen von Windmeßanlagen. Der Einbau eines Filters in die Stromzuführung zum Windmeßsystem verhindert sie.
Kritischer wird es, wenn mit Loran C- oder Decca-Geräten keine Standlinien mehr zu bekommen sind, die Standlinien nicht stabil sind oder springen. Hier sind Funkstörungen von den Dioden des Generators (oder von der elektrischen Zündung von Otto-Motoren) die Ursachen. Entstörfilter an den Generatoren, in der Leitung zur Ladekontrolle und zum Spannungsregler beseitigen solche Störungen.
Bei Benzinmotoren gehören Filter in die Leitungen zum elektronischen Drehzahlmesser. Als Sekundärmaßnahme kann man auch Filter in die Zu- und Erdungsleitungen der Decca- oder Loran-Empfänger schalten. Auch Leuchtstofflampen und Spannungswandler müssen mit Entstörfiltern ausgerüstet werden. Andere an Bord von Yachten vorkommende Störer sind Radargeräte, Gleichstrommotoren von

Das Schema zeigt den Einbau von Entstörfiltern in ein elektronisches Bordsystem.

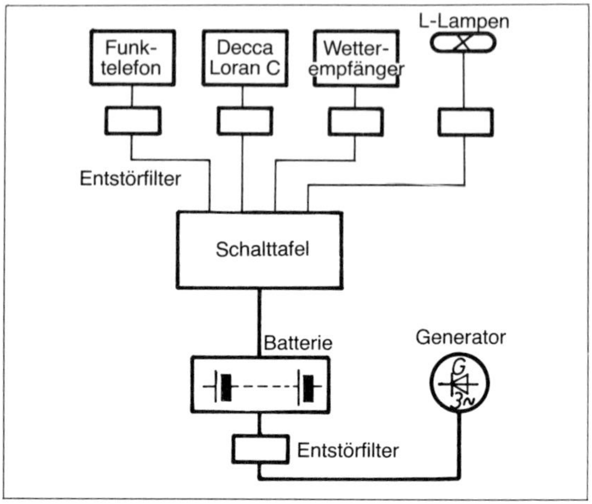

Pumpen, Lüftern und Kühlschränken wie auch unterbrochene elektrische Massenverbindungen zur Propellerwelle.
Mit geeigneten Filtern kommt man in der Regel zu guten Entstörergebnissen. Wichtigstes Moment ist immer wieder die einwandfreie Erdung von Gerät, Abschirmung und Entstörfilter. Erst die Ableitung aller elektromagnetischer Störungen auf ein niedrigeres Potential, die Erde, bringt eine Yacht heraus aus dem Funkstörnebel und ist die Grundlage für störungsfreies Radiohören und sicheres elektronisches Navigieren.

Schnittstellen

Das Zusammenschalten verschiedener elektronischer Anlagen bringt Probleme, wenn unterschiedliche Fabrikate oder Systeme verbunden werden sollten. Geeignete „Anpassungen" müssen dann geschaffen werden. Da geht es beispielsweise um gleiche Spannungen, Aderbelegungen in Kabelbäumen und dergleichen.

In Computer-Systemen sind solche Anpassungsglieder als Interfaces bekannt, was man ins Deutsche mit Schnittstelle übersetzt. Hier will man ebenfalls elektronische Geräte mit neu hinzukommenden verbinden, wie etwa den Zentralcomputer mit Drucker, Sichtgeräten oder Datenspeichern. Es gibt zwar Schnittstellen-Normen, die aber sind nicht einheitlich. Die weitestverbreitete ist die Norm RS-232-C (V 24-Norm) für ±12 Volt. Sie legt Datenformat, Übertragungsform, Signalpegel, Steckerform, Kontaktbelegung, Übertragungsvolumen und die maximale Kabellänge fest.
Alles was so nicht zusammenpaßt, muß man erst passend machen, will man mit verschiedenen Geräten in einem System arbeiten. Kleine Elektronikfirmen sind in der Lage, geeignete Schnittstellen anzufertigen. Sie werden dann als eigenständige Geräte zwischengeschaltet. Werften mit einem eigenen Konstruktionsbüro mußten immer schon Interfaces basteln, wenn es galt, deutsches, englisches und amerikanisches Elektronikzubehör zu einem Gesamtsystem zusammenzubauen. Schnittstellen-Normen sind da ein großer Schritt weiter, auch in Richtung Kompatibilität von elektronischen Einheiten.

Wartung und Störungssuche

Nicht jeder elektronische Blackout hat so schwerwiegende Ursachen, daß man ihn nicht mit „Bordmitteln" beheben könnte. Einer Untersuchung der amerikanischen Zeitschrift YACHTING zufolge arbeitete sogar ein Drittel allen elektronischen Geräts normal, das zur Reparatur in die Werkstatt gegeben wurde. Das zweite Drittel der „defekten" Geräte hatte unterbrochene Anschlüsse oder schlechte Kontakte, die einfach zu beheben gewesen wären, wenn man sich selbst getraut hätte, das Gerät aufzumachen und hineinzuschauen. Nur das letzte Drittel hatte wirkliche Fehler.
Die Geräte, die in der Werkstatt keine Fehler zeigten, waren vorwie-

gend an Bord falsch installiert. Darum lohnt es sich allemal, Elektronikproblemen selbst auf die Spur zu kommen, um auf See kleine Reparaturen selbst vorzunehmen, ohne später an Land einen Techniker konsultieren zu müssen.

Störungen am Radiotelefon

Schaltet man das Gerät ein, und nichts tut sich, dann liegt wahrscheinlich keine Spannung am Senderempfänger. Also prüft man, ob die Batterie in Ordnung ist und kontrolliert alle Anschlüsse, ausgehend von der Batterie, bis zu den Sicherungen und von hier zum Gerät. Wenn alle anderen Apparate, die von derselben Sicherung gespeist werden, normal arbeiten, liegt es meist an der eingebauten Glasrohr-Sicherung oder an der extern in der (roten) Plusleitung liegenden hinten am Gerät. Sie ist in der gleichen Größe zu ersetzen.

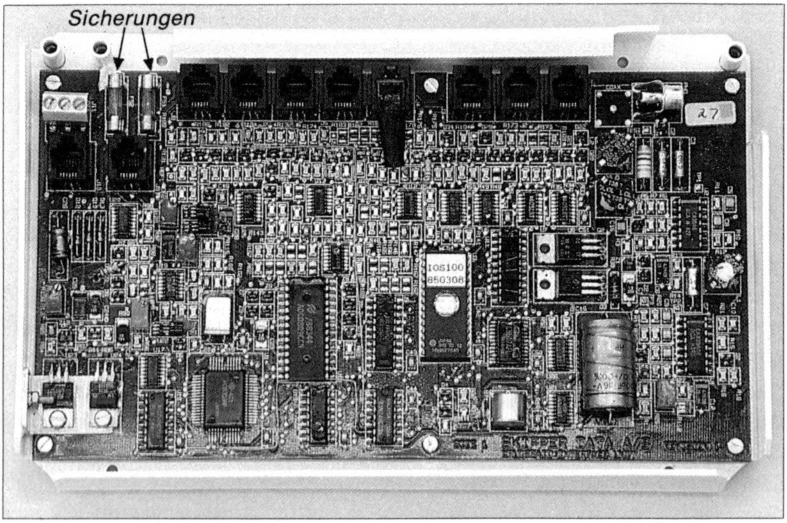

Von innen sehen elektronische Geräte immer kompliziert aus. Das sollte jedoch bei der Suche nach den Sicherungen niemanden schrecken: In diesem Gerät sitzen sie oben links.

(Eine mit höherer Amperezahl ist Ursache für die Zerstörung eines Geräts.) Die neue Sicherung oder die reparierte Zuleitung wird das Telefon wieder zum Leben erwecken. Erst erneutes Durchbrennen macht eine interne Reparatur nötig.
Gibt das Gerät zwar Geräusche, aber keine Signale, kann es auf eine Frequenz geschaltet sein, auf der gerade niemand spricht: Ein UKW-Telefon schaltet man tunlichst auf Kanal 16 (wenn es das nicht ohnehin automatisch tut), beim GW/KW-Einseitenband-Senderempfänger versucht man es mit einem nahen Sender.
Hört man immer noch nichts, mit dem Gefühl, der Transceiver arbeitet wohl, aber nicht richtig, ist womöglich das Antennenkabel nicht in Ordnung. Antennenanschlüsse haben die Angewohnheit, sich von selbst zu lösen. Einseitenband-Antennenkabel brechen am Antennenfuß oder am Geräteanschluß.
Zudem benötigen sie einen einwandfreien Erdanschluß zum Kielbolzen oder zu einer Erdplatte: Wurde das Schiff mit einer Schwammerde ausgerüstet, die wahrscheinlich mit Schmutz vollgesetzt ist und nicht mehr über ihre ganze poröse Fläche wirkt, muß sie gesäubert werden. Das untersucht man als nächstes.
Sind Antenne und Erde in Ordnung, tastet man das Gerät kurz, wobei das Anzeigeinstrument im Gerät ausschlagen muß. Tut es das, ist auch der Sender in Ordnung. Man wartet jetzt, bis ein angerufener Partner auf der eingestellten Frequenz bestätigt, daß der Sender ordnungsgemäß arbeitet.
Schlägt das Instrument zuwenig oder zuviel aus, hat man Antennen- oder Erdungsprobleme. Alle Anschlüsse muß man jetzt sorgfältig kontrollieren.
Der einzige Weg, eine UKW-Antenne zu prüfen, ist der mit einer Wheatstonschen Brücke. Das ist ein spezielles Meßinstrument, um Widerstände zu messen. Das Ohmmeter des Vielfachgerätes würde zwischen Abschirmung und Seele nur einen „Kurzschluß“ anzeigen, also vollen Durchgang.
Wenn der Empfänger funktioniert, man aber nicht senden kann, dann gibt der Mikrofonstecker keinen ordentlichen Kontakt. Scharfes Bie-

gen und Hin- und Herbewegen der Schnur deckt einen losen Anschluß oder eine gebrochene Ader auf.
Bevor man in der Werkstatt den Fehler beheben läßt, kann man mit einer „bestimmten Biegung" vorerst weitersenden.
Eine gute Sache ist es, sich den Ausschlag des Senderanzeigegerätes zu merken, wenn der Sender normal arbeitet. Man sollte das im Funktagebuch vermerken – für die Zukunft. Jede Veränderung im Erdungs- und Antennensystem wird auch den Ausschlag verändern: So aber weiß man bei nicht normaler Anzeige, wo man als erstes zu suchen hat.

Störungen an (Handfunk)Peilern

Hauptfehlerursache an Peilern sind leere Batterien. Zu leicht vergißt man sie abzuschalten und ein Dauerlauf entleert ihre Batterien total. Man testet das mit der Instrumentenbeleuchtung. Leuchtet sie nicht (unter Deck kann man das am besten untersuchen), sind neue Batterien nötig, die man als Reserve immer an Bord haben sollte. Aber auch die aus dem Blitzgerät (des Fotografen) passen meistens. Bei neuen Batterien muß man dann auf die richtige Spannung achten.
Manche Tischgeräte lassen sich auch an das 12-Volt-Bordnetz anschließen. Oft muß man dazu eine „elektrische Brücke" an der Unterseite oder im Gerät umklemmen. Wichtig ist dann, auf richtige Polarität zu achten.
Sind die Batterien frisch, aber weder von einem Funkfeuer, Radio noch Marineband kommt ein Signal an, dann untersucht man als nächstes die Antenne, den Ferritstab also. Einige Geräte haben steckbare Antennen; deren Stecker können verschmutzen oder korrodieren. Mit Kontaktspray lassen sie sich reinigen; feines Sandpapier löst auch starke Korrosion. Wenn man jetzt die Antenne wieder einsteckt, wird man Signale empfangen.
Manche Tischgeräte sind so konstruiert, daß die Antenne eineinhalb Umdrehungen machen kann, bis sie an einen Anschlag kommt. Ist der

Anschlag nicht in Ordnung, kann nur die Werkstatt helfen, denn die Antennendrähte sind durch Überdrehen meist abgerissen.
Schwankt der Empfänger in seiner Lautstärke, ist eine Inspektion innerhalb des Gerätes nötig. Man entfernt den Boden und hat die elektronischen Bauteile vor sich (Handfunkpeiler arbeiten ohne gefährlich hohe Spannungen). Mit einem spitzen Bleistift tastet man alle Anschlüsse ab, die lose aussehen, auf der Suche nach einem Draht, der einen Wackelkontakt verursacht oder gar von seinem Abschluß abgebrochen ist.
Schwankt der Empfang, wenn man ein Bauteil leicht antippt, dann liegt auch hier ein Wackelkontakt vor. Man kann ihn vorerst provisorisch mit Draht o. ä. reparieren, ohne einen Lötkolben zu benutzen.

Störungen am Echolot

Mit dem Einschalten ohne Funktion hat man wieder das übliche Stromproblem. Alle Anschlüsse von der Batterie zur Sicherung und von hier zum Gerät sind auf unterbrochene Drähte zu prüfen. Fehler findet man meist direkt an der Batterie oder den Sicherungen. Selten bricht eine Kupferseele mitten im Kabel, jedenfalls nicht durch Erschütterungen.
Wenn alle Drähte in Ordnung sind, untersucht man die Sicherung. Laufen die „Flimmerkiste“ oder der Echolotschreiber, zeigen aber falsch an, dann weiß man zumindest, daß die Stromzuleitung nicht defekt ist.
Jetzt sieht man nach der Nullanzeige (den Nulldurchgang der Leuchtdioden oder der Nullmarke des Schreibers), während das Gerät auf seinen kleinsten Bereich geschaltet wird. Zeigt die Nullmarke an, sind der Schreibstift beziehungsweise die Leuchtdiode in Ordnung. Leuchtdioden gehen zudem wenig kaputt. Sie mögen in ihrer Helligkeit schwanken, aber sie fallen selten völlig aus.
Echolotschreiber, die eine Schreibfeder benutzen, müssen immer wieder gecheckt werden, ob die Feder intakt ist und sie wirklich auf dem

Störungen an Echolot-Schreibern sind meist Fehler an der Schreibfeder: Sie muß vor jedem Einschalten geprüft werden.

Papier anliegt. Ein gebrochener Schreibstift (oder eine defekte Leuchtdiode) wird weder ein Grundecho anzeigen, noch eine Nullmarke.

Wird Null angezeigt, aber es ist kein Echo da, muß man sich vergewissern, ob das Gerät auf den richtigen Tiefenmeßbereich geschaltet ist.

Der nächste Schritt ist, das Schwingerkabel zu untersuchen. Es wird auf der Geräterückseite meist per Stecker angeschlossen. Oft hat es sich losgerüttelt nach jahrelangem Gebrauch.

Sind die Anschlüsse fest, dann verfolgt man das Kabel, um sicher zu sein, daß es nicht womöglich durch mechanische Beanspruchung gebrochen ist. Schwinger selbst werden selten plötzlich defekt, ihre Leistung wird (nach Jahren) langsam weniger.

Wenn das Bodenecho plötzlich verschwindet, ist es also nicht der Schwinger, der ausgesetzt hat, meistens sind es schlechte Anschlüsse und Wackelkontakte.

Störungen am Autopiloten

Die elektronische Selbststeueranlage wird an Bord am härtesten beansprucht. In schwerer See muß ihr Motor oft stundenlang mit Kraft das Steuer nachführen. Da ist es fast normal für einen Elektromotor, wenn er heiß wird und seine Sicherung durchbrennt. Man schaltet den Piloten dann für mindestens eine Stunde ab und läßt den Motor abkühlen.

Eine gestörte Sicherung tauscht man aus (nur mit einer der gleichen Größe). Arbeitet der Autopilot jetzt wieder normal, war er in der Tat überlastet. Mit besserem Segeltrimm kann man ihn entlasten.

Wenn er nach dem Einschalten nicht wieder zu laufen anfängt, dann wird es Zeit, die Batterieanschlüsse zu überprüfen. Der Antriebsmotor nämlich liegt wegen seines hohen Stromverbrauchs in der Regel direkt in der Batterie. Die Elektronik wird aus der Schalttafel gespeist und hängt hier an einer separaten Sicherung. Alle diese Anschlüsse müssen durchgesehen werden.

Wenn die Selbststeueranlage kontinuierlich von Backbord nach Steuerbord läuft und wieder zurück, wartet man einen Moment. Oft muß die Anlage sich erst warmlaufen.

Hilft das nicht, untersucht man den Kompaß. Manchmal ist er im Kleiderschrank eingebaut, wo Gäste gerade ihre Jacken aufgehängt haben, womöglich auf Metallkleiderbügeln, und mit Schlüsseln und Takelmessern in den Taschen. Solches Eisen lenkt den Kompaß ab, daß die Anlage anfängt verrückt zu spielen.

Manche Autopiloten sind mit einer Meldeleuchte ausgerüstet, die das Arbeiten des Abgriffsystems (meist nach dem Fotozellenprinzip) signalisiert. Wenn sie nicht aufleuchtet, der Rest der Anlage aber scheinbar intakt ist, dann ist die Glühlampe der Fotoelektronik durchgebrannt. Sie ist leicht auszutauschen; meist ist eine Reservelampe im Kompaßgehäuse.

Das Beachten der Bedienungsanleitung des Autopiloten und sein folgerichtiges Einschalten löst neben solchen Kompaßstörungen in der Regel auch das Problem, von hart zu hart zu wandern.

Wenn der Pilot (mit eingeschalteter Kupplung) nicht auf Kursänderungen reagiert, untersucht man die Fernbedienung. Oft steht der Umschalter auf „Hand“ (manual mode), was die Automatik abschaltet und die Selbststeueranlage nur mit den manuellen Kommandos auf der Cockpit- oder Steuerhauseinheit arbeiten läßt. Die Bedienung muß auf „Automatik“ stehen, und die Anlage wird sofort selbsttätig alle Steuereinflüsse korrigieren und das Schiff auf Kurs halten.
Viele der größeren Selbststeueranlagen werden von bis zu fünf Sicherungen geschützt. Die muß man alle finden und prüfen, bevor man die Hoffnung aufgibt und per Hand nach Hause steuert.

Störungen an der Radaranlage

Vorsicht ist geboten, wenn man sich mit der Radaranlage befaßt; sie arbeitet mit gefährlicher Hochspannung. Man achte darauf im Sichtgerät und im Senderempfänger in der Antenne.
Ist die Anlage gestört, nachdem sie einige Stunden gearbeitet hat, wartet man wenigstens eine Stunde, bevor man ihren Kasten öffnet und auf Fehlersuche geht.
Radarsysteme sind immer mit vielen Glasrohr-Sicherungen ausgestattet. Es ist daher nötig, sie erst einmal alle durchzusehen. Erst dann sucht man weiter. Jede Sicherung nimmt man in die Hand und hält sie gegen das Licht. Mancher Schmelzfaden nämlich ist so dünn, daß man ihn kaum sehen kann. Normalerweise brennt der Faden in der Mitte durch.
Bevor man dann wieder einschaltet, muß man auf die Antenne achten. Offene Antennen kann ein Draht des laufenden Gutes abgestoppt haben, so daß deren Sicherungen durchgebrannt waren. Antennen, die in einem Radom laufen, sind da besser dran. Nie sollte man eine Radarantenne von Hand drehen, das Antennengetriebe könnte leicht defekt werden. Hat sich eine Leine darumgewickelt, schneidet man sie besser ab, als das Getriebe zu beschädigen.
Wenn alle Stromkreise geprüft sind und man immer noch keine Ziele

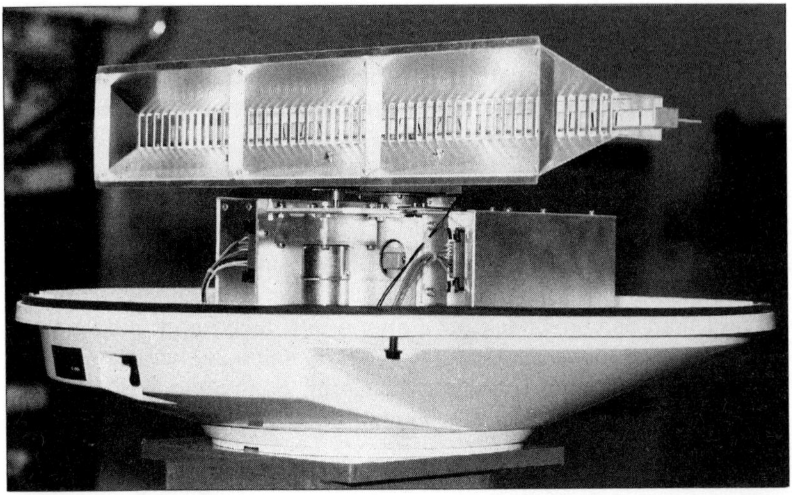

Das eigentliche Auge einer Radaranlage ist die Antenne, die in einem Radom dreht. Wird sie durch mechanischen Einfluß abgestoppt, dann brennen ihre Sicherungen durch.

auf dem Radarschirm ausmachen kann, obgleich sie schon mit bloßem Auge zu erkennen sind, geht man noch einmal alle Bedienungsknöpfe anhand der Kurzbeschreibung durch: Oft ist die Verstärkung (gain control) soweit zurückgedreht, daß man gerade nur noch die Vorausmarke sieht. In diesem Fall: Verstärkung hochregeln, bis Küstenstriche und Ziele aufgefaßt werden. Nie aber soll man die Verstärkung voll (im Uhrzeigersinn) aufdrehen, leicht brennt der Katodenstrahl „Löcher" in die Mitte des Schirms.

Die Elektronenkanone im Braunschen Rohr hält normalerweise viele Jahre. Sie gibt ihre Funktion nur langsam auf. Dabei wird sie immer dunkler, ohne daß die Entfernungsmessungen schlechter werden.

Wenn das Radargerät indes ganz plötzlich tot ist, während man einen ganz in der Nähe stehenden „Dampfer" beobachtet, kann es sein, daß das Berufsschiffsradar in das eigene gestrahlt und die empfindlichen

Empfänger-Dioden zerstört hat. Das passiert auch, wenn die Energie des eigenen Senders zu stark in den Empfänger zurückgestrahlt wird, etwa bei Betrieb des Radargeräts neben einer Spundwand (bei Ebbe). Das macht einen Techniker nötig, der die Dioden austauscht.

Störungen an Decca, Loran C, Grenz/Kurzwellen-Empfänger

Zum einwandfreien Arbeiten dieser Geräte sind gute Antennen und eine ebensolche Erdung nötig. Wenn sich beim Einschalten nichts tut, beginnt man seinen Check mit Batterie und Sicherung und verfolgt dann die Zuleitungen der einzelnen Geräte. Keine Skalenbeleuchtung bedeutet immer, keine Spannung am Gerät. Wenn nötig, muß man die Sicherungen austauschen. Automaten überprüft man, ob sie eingeschaltet sind.
Wenn alles richtig ist, nur der Empfänger nichts sagt, liegt es an der Antenne. Decca und Loran kann man innerhalb 200 Seemeilen von den Sendern mit einem am Fall gehißten Draht empfangen. Dieser Draht sollte so lang wie möglich sein, allerdings muß er weit weg von den Riggdrähten gespannt werden. Wenn er eine Station bringt, oder auch nur falsche „Lanes“ erzeugt, ist sicher, die festinstallierte Bordantenne ist defekt. (Üblicherweise isoliert man auf Segelyachten einen Draht des stehenden Gutes und benutzt ihn als Antenne. Ohne Rigg sollte man aber auch in der Lage sein, Stationen zu empfangen, etwa mit einer Reservestabantenne).
Die meisten Antennen besitzen eine Zuleitung aus Coaxialkabel. Wenn dessen Abschirmung mit der Seele kurzgeschlossen ist, bleibt der Empfang aus. Coaxkabel und ihre Stecker sind deshalb öfter zu überprüfen.
Mit dem Fernglas kann man die Antenne im Masttopp besichtigen, um sicher zu sein, daß nichts durch das Rigg beschädigt wurde.
Ebenso wichtig aber ist die gute Erdung für Decca und Loran. Der Anschluß zum Kielbolzen oder zur Schwammerde muß sicheren Kontakt geben.

Störungen an Wind- und Wasserinstrumenten

Problem auch dieser Geräte sind die Anschlüsse beziehungsweise Stecker zwischen den Gebern und den Anzeigeinstrumenten. Wenn Spannung anliegt, aber keine Anzeige da ist, beispielsweise am Speedometer, obgleich das Schiff Fahrt macht, dann untersucht man das System auf lose Leitungen.
Das gleiche gilt für die Windanzeige. Schon kleine Widerstandserhöhungen durch schlechtleitende Kontakte schwächen die Signale vom Schiffsboden oder Masttopp und können damit die gesamte Anlage lahmlegen.
Die meisten Unterwassereinheiten können für eine Inspektion eingezogen werden. Impeller-Typen kommen leicht durch Seegras etc. unklar. Die braucht man lediglich zu reinigen und die Anlage läuft wieder.
Schaufelradgeber haben das Problem nicht. Hier liegt der Fehler fast immer an den Anschlüssen hinten am Instrument.
Windgeschwindigkeits- und Windrichtungsanzeiger haben ihre Störungen oft in der Masttoppeinheit. Wenn sie mechanisch drehen und zeigen, abhängig vom Wind, sollte man dennoch erst alle Drähte und Leitungen unten im Schiff nachsehen, besonders die Anschlüsse an der Rückseite eines jeden Gerätes.
Ist alles zufriedenstellend, besteht erst dann die Notwendigkeit, den Fehler im Masttopp zu suchen. Das bedeutet einen Lift in den Mast oder warten auf den Servicetechniker.
Wenn Wind- oder Wassergeschwindigkeit bis zum Anschlag voll anzeigen, während der Radiosender getastet wird, ist das nicht weiter schlimm. Das zerstört die Instrumente nicht, aber es ist ein guter Check für den Senderausgang des Radiotelefons.

Resümee

An den Beispielen nur einiger wichtiger Bordgeräte erkennt man, daß es eigentlich immer die gleichen Störungen sind, wenn man Probleme

Fehler treten meist an gelöteten Anschlüssen im Gerät und an Zuleitungen auf.

Als erstes prüft man die Sicherungen, die in der Regel (wie in diesem Gerät) Glasrohrsicherungen sind.

mit der Elektronik hat. Fehler an anderen Geräten sind ähnlich gelagert: Wenn also ein Gerät nach dem Einschalten nicht arbeitet, zuerst die Sicherungen und dann die Batterieanschlüsse prüfen.
Brennt die Skalenbeleuchtung, das Gerät tut es dennoch nicht, überprüfe man Antennen-, Erd-, Schwinger- und Geberanschlüsse. Drähte dieser Kreise pflegen an den Punkten, wo sie an das Gerät im Cockpit und Steuerhaus oder an den Sensor gehen, zu brechen oder sich zu lösen.
Grundsätzlich sollte man alle Kabel verfolgen und auf Unterbrechungen und sonstige mechanische Fehlerstellen achten. Man hat damit alle Chancen, ohne einen teueren Servicemann Störungen an elektronischen Bordgeräten selbst zu beheben.

Ausblick

Die allgemeine elektronische Revolution fand lange Zeit an Bord von Yachten nicht statt. Um so vehementer geht sie jetzt vonstatten. Mit der Einführung des Mikroprozessors, der das erste Mal mit dem AP-Navigator unter Deck kam, ist ein Ende der Möglichkeiten, die die Yachtelektronik bieten kann, nicht abzusehen: Trotz der für sie und ihre Peripherie äußerst ungünstigen Betriebsbedingungen an Bord ist sie wohl nicht mehr aufzuhalten.
Yachtelektronik muß deshalb nicht immer ein Vorteil sein. Der Trend zum elektronischen „Spielautomaten" scheint vorprogrammiert. Da man in der Autoelektronik den Schritt von Checksystemen, Serviceintervall-Anzeigern und Bordcomputern schon wieder weg tut (zuviel Signale lenken den Fahrer nur ab und stellen ein Sicherheitsrisiko dar), sollte man auf Yachten von vornherein Abstand nehmen von allem Zuviel.
Wegen ihres fortschrittlichen Images läßt sich Elektronik ja besonders

gut verkaufen, und gar zu oft spiegelt sie technisches und navigatorisches Wissen vor, das der Benutzer gar nicht hat. Dabei wird zudem gern übersehen, daß Elektronik oft störanfälliger ist als die Technik, die sie überwachen soll oder der von Hand gemachte Kartenkurs.
So muß selbst jeder Elektroniker erschrecken, wenn (Zukunftsvision) der Skipper anstatt an Deck in seinem „Fahr- und Leitstand" sitzt, wo ein hochauflösender farbiger Bildschirm das eigene Boot als (unbeweglichen) Mittelpunkt zeigt, während die Konturen einer Seekarte, je nach Bootsgeschwindigkeit, sich darunter durchbewegen. Untiefen, feste und schwimmende Seezeichen sowie wichtige Zehn-Meter-Tiefenlinien wandern ebenfalls und vermitteln dem Skipper das Gefühl, er fahre wie in einem Telespiel – nur daß hier alles Wirklichkeit ist.
Seine aktuelle Position sieht er (analog) auf dem Schirm, gleichzeitig kann er sie digital ablesen. Während er weitersegelt, blenden sich automatisch die Sektoren der Leit- und Richtfeuer ein, wie auch alle anderen Fahrzeuge um ihn herum als farbige Punkte erscheinen mit Kurs und Geschwindigkeit. Aus dem Kartenhaus herausschauen braucht der Skipper der Zukunft nicht mehr, seine Umgebung zeigt der Monitor.
Inzwischen geht die Sonne unter und spiegelt sich wie ein roter Feuerball im Wasser. Unseren Skipper interessiert dieses Naturschauspiel nicht mehr. Sein Monitor ist ihm wichtiger.